ドイツ人はなぜ、年290万円でも生活が「豊か」なのか

熊谷　徹

JN203672

青春新書
INTELLIGENCE

はじめに

私は1990年以来、ドイツのミュンヘンに住んでこの国の政治、経済、社会について本や記事を書いてきた。29年の定点観測で強く感じることの一つは、ドイツ人が金銭的に測ることができない価値を日本よりも重視しているという点だ。ここにはお金に換算できない「豊かさ」がある。

一般的にドイツ人は日本人に比べて質素であり、倹約家が多い。我々日本人ほど消費に重きを置かない。ドイツ人の1年間の平均可処分所得は約290万円前後と意外に低い。

それでもドイツでの生活には、日本で感じることができない一種の「豊かさ」がある。もちろん、ドイツの社会保障制度が日本よりも手厚いことは、人々の暮らしに余裕を与えている。たとえば長年仕事が見つからなくても、失業者として登録し、仕事を見つけるための努力を続ければ国が家賃を払ってくれる。サラリーマンが病気やケガで働けなくなっても、企業は6週間にわたって給料を支払い続けることを法律で義務付けられている。

だが、ドイツ人の暮らしの「豊かさ」は社会保障制度だけでは説明できない。人々の考え方や行動の仕方にも要因がある。

たとえばドイツの店や企業は日本ほど顧客へのサービスに時間をかけない。日本と違って、ドイツではサービスは有料だ。このため、人々は業者などに頼らず、なるべく自分で行ったり、友人の手を借りたりすることによって費用を節約する。

客は商店やレストランでも良質なサービスを期待しない。つまり人々のサービス期待度が低いのだ。これは一見、ホスピタリティに欠けたギスギスした社会に思えるかもしれないが、利点もある。人々の働く時間が短くなり、過重な負担がかからないようになっているからだ。過剰サービスをやめれば、商品やサービスの値段も安くなる。

つまり、社会が過剰サービスを減らすことで生活コストを低くし、自由時間を増やしている。このため収入が低くても「ゆとり」のある暮らしを送ることができるのだ。

さらに彼らはお金をかけないで人生を楽しむ術《すべ》を知っている。

お金をかけないドイツ人の生き方や社会の仕組みの中には、我々にとってヒントになるものもある。金銭だけでは測れない価値を重視する生き方について学ぶことによって、我々日本人の暮らしをより豊かにできないだろうか。本書がそのための助けとなればと考えて、筆を執った。

ドイツ人はなぜ、年290万円でも生活が「豊か」なのか

目次

序章　ドイツ人の平均可処分所得は290万円！
⇩でも、どこか生活に「ゆとり」があるのはなぜ？

第1章　サービス砂漠のドイツ、おもてなし大国の日本
⇩でも、「便利さ」は「忙しさ」の裏返しでもある……!?

第2章 みんなが不便を「ちょっとだけ我慢する」社会
⇩他人のサービスに期待しすぎない気楽な生き方

第3章　お金の奴隷にならない働き方
⇩「ドイツの新しい通貨は自由時間」とは？

第４章　ドイツ人はお金をかけずに生活を楽しむ達人
⇩ドイツ流・明るいケチケチ生活の極意

第6章 過剰な消費をしなくても経済成長は可能だ
⇩未来の世代に「豊かさ」を引き継ぐ、ということ

※為替レートは1ユーロ＝130円、1ドル＝110円で統一しています。

序章

ドイツ人の平均可処分所得は290万円！

⇩でも、どこか生活に「ゆとり」があるのはなぜ？

ドイツ人の質素な暮らし

先日、日本からの訪問客と一緒にミュンヘンで地下鉄に乗った。その人は周りを見回してこう言った。

「ドイツ人は身なりが質素ですね。おしゃれをしている人はあまりいませんね」

確かに、ドイツ人の服装は日本人に比べると質素だ。女性は男性に比べて身なりに気を遣っているが、多くの男性は無頓着である。彼らがスーツなどを着てきちんとした服装をするのは、就職の面接や顧客とのミーティング、オペラやコンサート鑑賞などの時だけだ。

最近は、ベンチャー企業だけではなく大手企業でも、ポロシャツにジーンズ、スニーカー姿で働く人が増えている。ネクタイを着けている人など、地下鉄の中を見回してもほとんどいない。あるドイツ人は、「スーツは1着、ネクタイは1本しか持っていない」と言っていた。別のドイツ人はある企業の課長だったが、スーツ上下は夏用を1セットと、冬用を1セット持っているだけだった。スーツの上着の肘の部分が薄くなっても、補強のための布を縫い付けて着続けている人は珍しくない。

同じヨーロッパでも、ミラノやパリに行くと、女性だけでなく男性の間にもファッションセンスが良い人をよく見かける。髪に白いものが混じったスーツ姿のビジネスマンでも、ジャケットとシャツ、ネクタイの色の組み合わせに気を遣っている。

だが、ドイツではそのような人にはめったに会わない。大半のドイツ人はファッションに無関心だ。彼らは洋服にあまりお金をかけない。このため紳士服の店などは、バーゲンセールなどの時を除くと客の姿は少なく、閑古鳥が鳴いている。これで洋服店はやっていけるのだろうかと、余計な心配をしてしまう。

ドイツ人は日本人に比べると、「見た目」を気にしない。ドイツ人の国民性の一つは、強烈な個人主義。あくまでも「ゴーイング・マイ・ウエー」であり、他人が自分のことをどう見ようが構わないという人が多いのだ。彼らは外見よりも中身を重視する。

夕食では火を使う料理はしない？

食事も質素だ。ほとんどのドイツ人は、夕食ではまず火を使った料理をしない。夕食はパンやハム、チーズだけの「アーベントブロート（直訳すると夕方のパン）」と言われる質素な食事で済ませる。パンだけならば夕食は非常に安く済む。たとえばドイツで人気が高い安売りスーパー「アルディ」は、トースト用のパンが入った５００グラムの「ミューレンゴルト」というパックを売っている。その値段は、パン20枚でたった55セント（72円）である。パンが20枚も入っているのに1ユーロ硬貨（130円）でお釣りが来るわけだ。

もちろん、ドイツのパンにもピンからキリまであるが、大半の庶民は、アルディで売っているようなお徳用のパンを食べている。また、旧東ドイツやベルリンでは、物価がミュンヘンよりも安い。ある時、ベルリンのパン屋でブレートヒェンと呼ばれる丸パンを買ったら、わずか15セント（19・5円）だった。

私の日本人の知り合いは、「ドイツ人から自宅での夕食に招待された。行ってみたら出てきたのはカボチャのスープとパンだけだったのでがっかりした」と言っていた。

ドイツのほとんどの家庭では、昼間は夫も妻も会社や役所で働いている。つまり、平日には買い物をしたり調理したりする時間があまりないので、夕食はパンで簡単に済ますという家庭が多い。

贅沢な外食なんてもってのほか

我々日本人にとって、外食とは大きな楽しみであり一種の「ハレ」の場である。日本人やフランス人、イタリア人には、「たまには良いレストランへ行って豪華な食事をしよう」

という人が少なくないが、ドイツにはめったにいない。日本で外食をすると1万円札がすぐに消えてしまうが、ドイツ人が100ユーロ札（1万3000円）を1回で1人分の食事のために使うことはほとんどない。日本人ほど頻繁に外食をしない。

ミュンヘンの高級レストラン「タントリス」は、2018年6月の時点でミシュランガイドから2つ星を与えられている。ここで夕食をとりワインを飲むと、1人あたり150〜200ユーロ（1万9500〜2万6000円）はかかる。ミュンヘンに駐在している日本企業関係者の中には「話のネタにタントリスでも行ってみるか」という人もいるが、ミュンヘンに住む市民の大半は、接待でもされない限り、自腹を切ってこの種のレストランに行くことはない。

「江戸っ子は宵越しの金は持たない」というような金銭哲学は、ドイツ人には無縁である。

クリスマスプレゼントすらやめる家庭も

中層階級の上の方に位置するようなサラリーマンでも、倹約家がほとんどだ。大半のドイツ人は10ユーロ（1300円）の支出でも慎重である。びた一文たりとも、無駄にしない。

3人の子どもを持つ私の知人はある企業の課長だったので、それほどお金に困っていたわけではないが、マイクロソフトのエクセルを使って家族全員の毎月の支出を厳密に管理していた。

車に給油する際にも、ガソリンや軽油の値段が少しでも安いスタンドを見つけようとする。彼らは何かを他の人よりも1ユーロでも安く手に入れることに、大きな満足感を得ているように見える。よく言えば倹約家、悪く言えばケチである。

日本は世界でもトップクラスの贈り物大国だ。クリスマスプレゼントやバレンタインデーのチョコレートだけではなく、お中元、お歳暮、旅行からのお土産、結婚祝いのお返し、香典返しなど、毎日のように大量の贈り物がやりとりされている。近所の人におすそ分けをすると、お返しの贈り物をもらうこともある。そのお返しに対して、また贈り物をすることもある。プレゼントの無限連鎖だ。

ドイツ人は、日本人ほど頻繁に贈り物をしない。旅行から帰ってきた時に同僚や友人にお土産を配る習慣もない。結婚祝いのお返しもしない。多くのドイツ人がプレゼントを贈るのは、彼らにとって最も重要な祭日であるクリスマスと誕生日くらいだ。

だが最近では、「今年は子どもにクリスマスプレゼントを贈るのすらやめた」という家庭も増えつつある。その理由は、「毎年クリスマスにプレゼントを贈ってきたので、子どもはすでにいろいろな物を持っている。もう何をプレゼントに選べばよいかわからない」というものだ。ある意味では、贈り物の飽和状態になっている。つまり、クリスマスプレゼントという形式だけに縛られて贈り物をするのはやめようというわけだ。もちろん、出費を減らすという目的もある。

ドイツ人が最も好きな娯楽は、自然と太陽光を満喫することだ。

ドイツ人の誕生日パーティーでは、「プレゼントはいらないので、料理やデザートを持って来てください」と言われることが多い。招待する側は飲み物だけを用意する。こうした「持ち寄りパーティー」ならば、招待される方もプレゼントを買わなくていいのでお金の節約になる。

休日もお金をかけずに過ごす

ドイツ人は、余暇を過ごすにもあまりお金をかけない。週末や休日には自転車に乗ってサイクリングをしたり、森で散歩をしたり、公園の芝生や河原、自宅のベランダで本を読みながら日光浴をしたりする人が多い。

ミュンヘンの真ん中には英国庭園と呼ばれる広さが375ヘクタールの公園がある。鬱《うっ》蒼《そう》と木が生い茂っており、野鳥のさえずりや小川のせせらぎを聞いていると、100万都市の真ん中にいるとは思えないほどだ。庭園という言葉よりは、原生林という言葉の方がしっくりくる。夏の週末や平日の夕刻ともなると、この公園の芝生は太陽の光を浴びる人々で埋め尽くされる。

ここに寝転んで本を読んでいれば、お金は全くかからない。冬が長いドイツでは、日本に比べると1年間の日照時間が短い。このためドイツ人たちは、我々日本人よりも春や夏に太陽の光を浴びるのを好む。

シミやそばかすができてもあまり気にしない。日本のように紫外線を遮るために、顔全体を覆うサンバイザーをつけたり、真夏なのに長い手袋で上腕部を覆ったりしている人は、一人もいない。彼らにとっては、太陽の光を浴びながら無為の時間を過ごすこと自体がすでに娯楽なのだ。平日の職場でのストレスから回復するために、週末や休暇にはあくせくせずにのんびりと一日を過ごす。

あるいは、週末に友人をブランチ（朝食兼昼食）に招いて、コーヒーを飲みながらだらだらと世間話をする。お腹がいっぱいになった後は、近くの公園をのんびりと散策する。

これが標準的なドイツ人の余暇の過ごし方である。我々日本人のように、休みの日にもショッピングへ行ったり映画館へ行ったり、「何か」をしていないと気が済まないという人は少ない。

つまりドイツ社会では、お金を使わない娯楽が中心である。生活の中で「消費」が占める比重が日本に比べるとはるかに低い。したがって、持ち物も少ない。ドイツ人の家に招待されると、日本人の家のように物が溢れておらず、整然としていることが多い。

1年あたりの平均可処分所得は約290万円

さて、日本人よりも暮らし方が質素に見える彼らは、一体どれくらいのお金を稼いでいるのだろうか。私はドイツ連邦統計局が毎年発表している国民経済統計を調べてみた。

同庁が2018年6月11日に発表した統計によると、2017年の時点で、ドイツに住む市民1人あたりの年間可処分所得（年収から税金や社会保険料を差し引いた手取り額）は、平均2万2657ユーロとなっている。日本円で294万5410円である。1ヶ月あたり約25万円に相当する（ここには会社員だけではなく、公務員、自営業者や学生、年金生活者も含まれている）。

かつて社会主義国だった旧東ドイツでは、年間可処分所得の平均値がさらに低く、2万ユーロ（260万円）を割っている。

大半のドイツ人の生活が質素である理由の一つは、可処分所得が比較的低いことだ。ドイツ企業で働く労働者は、健康保険、年金保険、失業保険、介護保険に加入しなくてはならない。給料から様々な税金や社会保険料を差し引くと、手元に残るのは、約半分程度である。この国は社会福祉制度が手厚いぶん、公的年金保険や健康保険の保険料率が高いのだ。

日本にはない税金もある。たとえば東西ドイツ統一から28年経った今も、全ての納税者が旧東ドイツ再建や市民の生活支援のための連帯税を毎月支払わされている。キリスト教徒は給料から教会税を差し引かれる。犬を飼っている人は、犬税を払わされる。介護保険では日本と異なり、年齢にかかわらず会社で働く人全員が強制的に加入させられ、保険料を天引きされる。

手取り年収が290万円というと爪に火を点《とも》すような生活とまではいかないが、あまり贅沢はできない水準である。しかも、日本の消費税にあたる付加価値税は19％と非常に高い。

９人に１人は年収１０５万円以下⁉

もちろん、ドイツにも富裕層はいる。クレディ・スイスが２０１８年10月に発表した統計によると、ドイツで資産（不動産も含む）が１００万ドル（１億１０００万円）以上の市民の数は２１８万３０００人。前年に比べて25万３０００人も増えた。ちなみに、ドイツで資産が１００万ドルを超えている人の数は米国、中国、日本、英国に次いで世界で５番目に多い。

２００６年から２０１５年まで欧州最大の自動車メーカー、フォルクスワーゲン（ＶＷ）グループの最高経営責任者（ＣＥＯ）を務めたマルティン・ヴィンターコルンは、そうしたスーパーリッチの１人だ。

彼の２０１４年度の年収は、１５０２万ユーロ（19億５２６０万円）だった。２０１５年に排ガス不正事件の責任を問われて退職したものの、彼が受け取る企業年金は、１日あたり３１００ユーロ（40万３０００円）に達する。月収９万３０００ユーロ（１２０９万円）

の年金生活者だ。

これらの富裕層がドイツの人口に占める比率は0・02％にすぎないが、彼らの収入の合計はドイツ全体の収入の5・7％にも相当する。

一方、年収が2013年の最低課税対象額の8131ユーロ（105万7030円）よりも少なかったために、所得税の支払い義務から免除されていた市民の数は960万人に達した。これは人口の11・6％に相当する。つまり、単純に計算すると、市民の9人に1人は、年収が105万円に満たないのだ。

ちなみに、INGディバ銀行が2018年1月に公表した世論調査によると、2017年の時点でドイツ人の回答者のうち「全く貯金していない」と答えた人の比率は27％に達している。市民の4人に1人は全く貯えがないのだ。

同銀行はこの調査をヨーロッパの13ヶ国で実施したのだが、27％という比率は、ルーマニア（35％）に次いで2番目に高い数字だった。調査の対象となった国の中で、貯金をしていない人の比率が最も低いのは、ルクセンブルクで12％だった。ヨーロッパ人の間には「ドイツ人は貯蓄好き」という先入観があるが、これは虚像である。

（図表1）富裕層が多い国ランキング

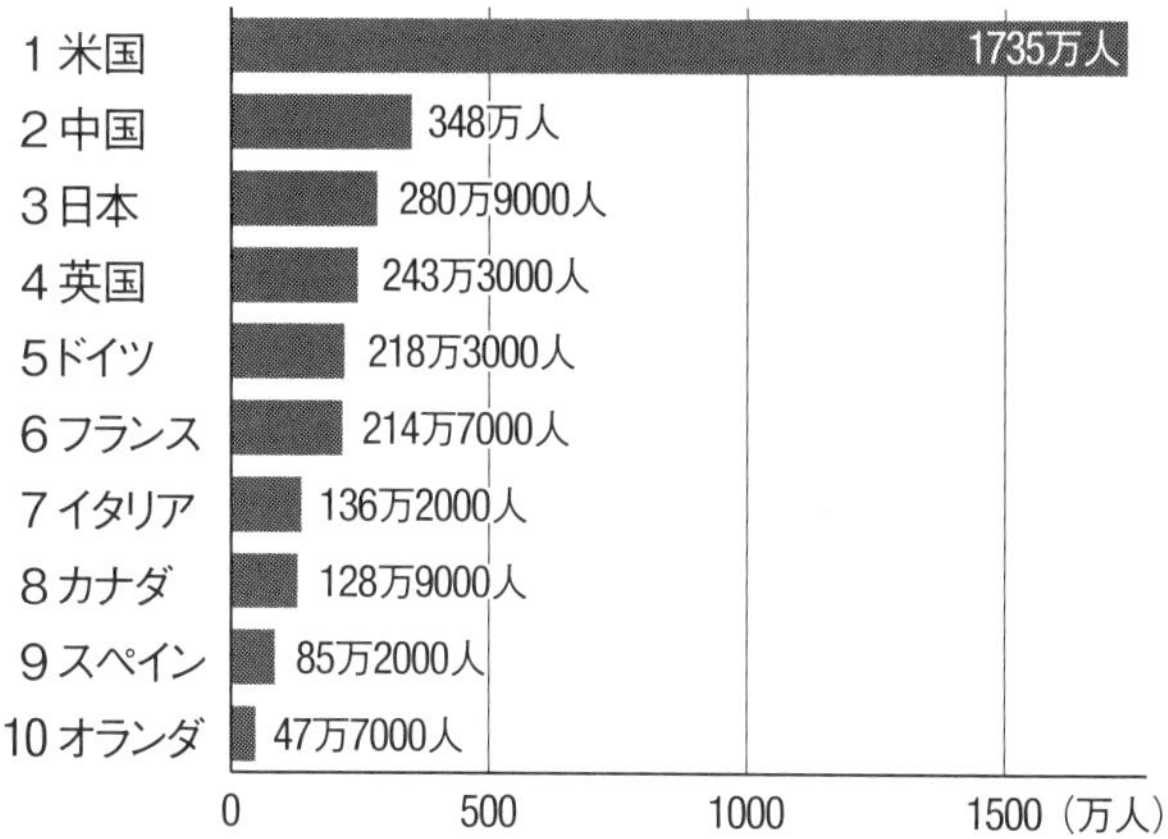

資産が100万ドル以上の市民の数のランキング（2018年10月発表）
資料＝クレディ・スイス

低賃金なのに「生活に満足している」のはなぜ？

このようにドイツでも所得格差が広がりつつあり、パラダイスとは言い難い状態だ。特に低賃金層に属する人々が苦しい生活を送っていることは紛れもない事実である。

それでもこの国で29年暮らしてきた私の目には、ドイツ社会を全体として見ると、日本に比べて「ゆとり」があるように見える。そのことは、様々な世論調査の結果にも表れている。

統計ポータル「スタティスタ」によると、2017年の秋に行われたアンケート調査で「自分の生活に満足していますか？」という問いに対して「非常に満足している」

もしくは「かなり満足している」と答えた人の比率は、93%に達した。

２０１６年にフライブルク大学が行った生活満足度に関するアンケート（最高値＝10、最低値＝１）でも、市民の回答の平均値は７・11だった。これは前年の平均値（７・02）よりも高くなっている。

また、ケルンのドイツ経済研究所（ＤＩＷ）が２０１２年に２万人の市民を対象に行った生活満足度調査（最高値＝10）でも、平均値は７・１となっている。特に15～40歳の市民の間では、満足度の数値が７・２～７・５と平均を超えていた。

ドイツの公共放送連盟ＡＲＤが２０１７年５月に行った世論調査では、「私の経済状況は良い」と答えた市民の比率が81%に達していた。

ドイツ人の９人に１人、約９６０万人が１０５万円以下の年収で暮らしていることを考えると、これらの世論調査結果が高い満足度を示しているのは意外である。

これに対し、日本の内閣府が２０１７年８月に発表した世論調査の結果によると、「生活に満足している」と答えた市民の比率は73・９%でドイツよりも20ポイント近く低くなっている。

時間的なゆとりという面では、日独間の格差がもっとはっきり見えてくる。２０１８年

1月にドイツの連邦統計局が発表したアンケート調査の結果によると、2016年の時点で4100万人の就業者のうち90・7％が「現在の労働時間に満足している」と答えた。労働時間に不満なので変更を希望していると答えたのは9・3％にすぎなかった。つまり回答者の9割は、ワーク・ライフ・バランスがとれており、時間のゆとりがあると考えているわけだ。

これに対し、内閣府の世論調査によると、「生活の中で時間のゆとりがある」と答えた日本人は68・6％にとどまっており、ドイツ連邦統計局の調査結果よりも約22ポイント低くなっている。

経済協力開発機構（OECD）が実施した、各国市民の生活満足度についてのアンケートの結果も興味深い。これは個々の国の市民が自分の生活についてどのような感情を抱いているかを、アンケートで調べたものだ。満足度の最高値は10である。

ドイツ人の満足度は7で、OECDの平均値6・5を上回った（38ヶ国中13位）。これに対し日本人の満足度は5・9で、平均値よりも低くなっている（38ヶ国中29位）。

国内総生産（GDP）を目安にすると、日本は米国、中国に次ぐ世界第3位の経済大国だが、生活満足度においては、GDP第4位のドイツに追い越されているだけではなく、

OECDの平均にも達していないのだ。

最近、日本人にドイツ人の生活の仕方、特に働き方について紹介すると「日独を比較することは無意味だ」とか「文化や国情が異なるのだから、仕方がない」という反発やあきらめ、妬《ねた》みの声を聞くことが多い。特に働き盛りの男性サラリーマンの間には、「仕事の量が多いのだから、ゆとりある暮らしなんて無理だ」と頭からあきらめてしまっている人が多いように思われる。

確かにドイツ人のやり方、法律体系を100%日本でコピーするのは無理だろう。だが、時間に追われず、ゆとりのある生活がしたいと考えているのはドイツ人だけではない。我々日本人も同じような欲求を抱いているのではないだろうか。「人生は1度しかないのだから、自分のやりたいことをじっくりやってみたい」とか、「家族とゆっくり暮らしたい」と考えている日本人も少なくないはずだ。

私自身、1982年から8年間NHKで記者として働いていた時には、夜討ち朝駆け、徹夜、早朝勤務、深夜勤務の連続だった。NHKのワシントン特派員だった時には、親しかった米国人のタクシー運転手から「もっと自分の時間を持って、友達と付き合うようにした方がいいよ」と忠告されるほどだった。

（図表2）生活満足度が低い日本

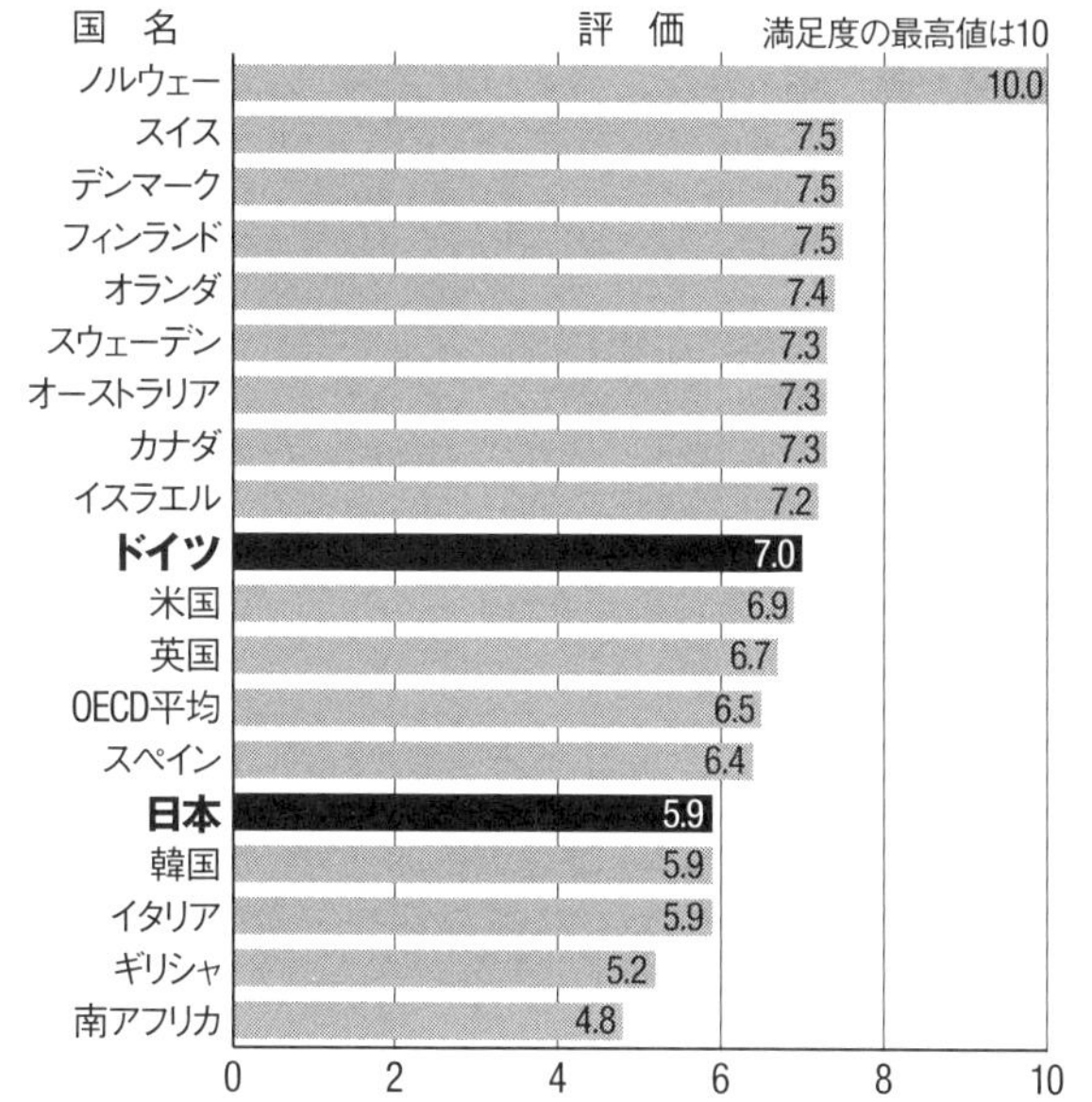

2016年の各国市民の生活満足度調査（抜粋）
資料＝OECD

だが、1990年にNHKを辞めてドイツのミュンヘンに移り住んでから、この国の人々の生き方を見て、「自分の時間を持つこと」や「ゆとりのある生活をすること」の重要性を理解することができた。人生が1度きりであること、年を重ねれば病気がちになったり体力が衰えたりすることについては、日本人とドイツ人の間に違いはない。最近では、「人生の中で最も重要なものはお金ではなく、自分の自由になる時間だ」と思っている。

カルロス・ゴーンのように10

0億円近い報酬を受け取っていても、忙しすぎてお金を使う暇がなく、生活のゆとりがなかったらそのお金は無価値である。預金が多くなくても、精神的に「豊か」な暮らしをすることは可能だ。

ドイツ人の平均可処分所得が約290万円で、生活は比較的質素であるにもかかわらず、ゆとりがあり満足度の高い生活を送れている理由は、どこにあるのだろうか。我々の生活満足度を高めたり、ゆとりを増やすためのヒントはあるのだろうか。次章以降で探っていきたい。

第1章

サービス砂漠のドイツ、おもてなし大国の日本

⇩でも、「便利さ」は「忙しさ」の裏返しでもある……!?

日本の外務省の海外在留邦人数調査統計（２０１７年10月1日時点）によると、ドイツには約4万６０００人の日本人が住んでいる。ライン川に面したデュッセルドルフが最も多く約７６２０人、南部のミュンヘンにも約５０００人の日本人が住んでいる。この２つの町には日本人学校もある。

顧客サービスの悪さにショックを受ける日本人

ドイツは、日本と同じく機械製造業が盛んな物づくり大国。このため日本企業からドイツに駐在員として派遣され、数年間にわたりこの国で働く人も多い。ドイツは製造業のデジタル化（インダストリー４・０）など世界的に注目されるプロジェクトも進めているため、日本企業の関心は高まる一方だ。外務省によるとドイツには、２０１７年の時点で日系企業が１８１４社ある。これは欧州で最も多い数だ。世界全体で見ても7番目に多い。

このため、ドイツに長期滞在する日本人の数は年々増えている。たとえばドイツ在住の日本人の数は、２０１３年から２０１７年までに22％増加した。ミュンヘンに住む日本人の数は過去10年間で2倍に増えた。日本の企業戦士たちはドイツ語の知識がなくても、会社の命令でいきなり住み慣れた日本社会からドイツへ送り込まれる。

ドイツへ転勤してきた日本人の多くは、小売店や飲食店の顧客サービスの悪さにショックを受ける。私には彼らの気持ちがよくわかる。

日本に比べるとドイツは〝サービス砂漠〟である。おもてなしという概念はほぼゼロの国だ。私はここに29年住んでいるので慣れているが、日本から初めて来た人が受ける衝撃には相当なものがあるはずだ。日本では「お客様」としてまるで真綿《まわた》にくるまれるように店員から優しく接してもらえるが、ドイツでは「客扱い」されないことがしばしばある。

店員が客を使う?

最も目につくのは、商店やレストランでの店員の態度の悪さだ。先日、あるドイツ料理店でお金を払うために財布の中を見ると、あいにく小額紙幣がない。このため100ユーロ（1万3000円）紙幣を出したら、店員に「こんな高額紙幣で払うなんて!」とすごい剣幕で怒られた。日本ならば1万円札を出されて怒る店員はいないだろう。客のお金で支えられている店員が、お金を払う客を叱る。大半の日本人は、度肝を抜かれるだろう。

あるレストランで知人と夕食を取りながら歓談していた時のことである。ぶっきらぼうな態度の店員から「ちょっと皿を取ってよ」と食事が済んだ皿を手渡すように言われた。店員が皿を取りにくい場所に座っている客が自発的に店員に皿を渡してあげるのは日本でも珍しくないが、店員の方から客に皿を取ってくれと頼むというのは、日本では考えられない。この店員が接客態度についての教育を受けていないことは明白だった。

２０１８年の1月にハイデルベルク大学で講演した後、主催者や学生たちと居酒屋へ行った。ドイツではビールジョッキの下に厚紙のコースターを置く。10人くらいで大きなテーブルを囲んだので、店員は「いちいち客の横まで行ってコースターをテーブルの上に置くのは面倒くさい」と思ったのだろう。店員は、それぞれの客にコースターを投げてよこしたのだ。私は、忍者が手裏剣を投げる光景を思い出した。

先日、ミュンヘンのイタリア料理店に行ったら、店員は注文を取りに来るどころかメニューすら持って来ない。店員は別に仕事をサボっているわけではない。忙しそうに厨房と客のテーブルの間を行き来している。客の数に比べて、従業員の数が少なすぎるのだ。ドイツでは、客が店員から待ちぼうけを食わされるのは日常茶飯事だ。手を挙げて店員の注意をひかなくては、いつまでも注文を取ってもらえない。客が自分でメニューを取りに行くことも珍しくない。私は急いでいる時には、店員のところまで歩いて行って、「注文を取ってもらえませんか」と催促する。

店に入ったら、まず店員を探すことから

しかもドイツでは、サービスはタダではなく有料である。店員やタクシー運転手、理髪店、ホテルの部屋の掃除人、購入した家具を自宅まで運んでくれた運送業者などにはチップを払わなくてはならない。チップは料金のほぼ10％が目安だが、チップのない国から来た日本人の中には「この悪いサービスでチップまで払うのか……」と思う人も多いだろう。私は「あまりにひどいサービスだ」と思った時には、チップを払わない。

従業員が足りないと言えば、「メディア・マルクト」や「ザトゥルン・ハンザ」などの家電量販店もそうだ。日本ならばヤマダ電機やヨドバシカメラに相当する大規模な店だ。

こうした店では、コンピューターやプリンター、関連部品などの品揃えがよく、割安の値段で売られている。店が郊外にあることが多いので、駐車場も完備している。このため、コンピューターが突然壊れた時などには、ここに足を向けることになる。

だが、売り場の面積が大きく、商品を探すのに一苦労する。しかも、人件費を節約するために従業員の数を少なくしている。このため客は目指す商品があるかどうかなどを尋ね

るためには、広い売り場の中でまず店員を探して歩かなくてはならない。商品が安いのはいいことだが、客にとっては疲れる作業だ。

日本に時々旅行するドイツ人の友人は、「日本の店ではドイツと違って店員の数が多いので、客が店員を探し回らずに済む。これは便利ですね」と語っていた。確かに日本のデパートなどに行くと、店員の数が多いことを感じる。東京の地下鉄の駅では、改札の近くにたいてい駅員が座っているので質問しやすい。ドイツでは地下鉄の駅などでは駅員をほとんど見かけない。

日本のあるデパートでは、地下駐車場の車の出口に2人の誘導係を配置して、買い物を終えた客が車で道に出やすいようにするサービスを行っていた。1人が通行人を制止し、もう1人が他の車を止め、腕を回して買い物客の車に「路上に出てください」という合図をする。ドイツのデパートの駐車場の出口で、こんなサービスを見たことは一度もない。ドイツでは買い物客も通行人も自己責任で道を使っているからだ。

さらに、ドイツ人が日本で驚くのは、道路工事現場で通行人のために「交通整理」をする作業員が非常に多いことだ。立ち入りを禁止するフェンスなどが置かれているので、通行人が工事現場に足を踏み入れることはないと思うのだが、ヘルメットをかぶった作業員が「こちらをお通りください」と声をかける。自己責任の意識が強いドイツ人には不思議に思えるようで、「この作業員たちは何をしているのだ」とよく尋ねられる。彼らの目には、「全く無駄なサービスであり、失業者を減らすために、人為的に仕事をつくっているのではないか」と映るようだ。

客の要望より店の決まりを優先

ドイツの商店では、それぞれの店員の仕事が厳密に決まっており、与えられた任務以外はやらない。

たとえば、パン屋ではこんな光景をよく見かける。ドイツのパン屋ではショーウィンドウや奥の棚にパンが並べられている。このため客は店員に欲しいパンを注文し、包んでもらわなくてはならない。日本のようなセルフサービスのパン屋は少数派である。

あるパン屋でカウンターの後ろに2人の店員が立っていた。カウンターの前には5～6人の客が列を作って自分の順番が来るのを待っている。2人のうち、1人しか客に対応しないので、時間がかかる。彼はパンを売るだけでなく、店内で食事をする客のためにコーヒーも作らなくてはならないので大忙しだ。しかし、もう1人の店員は彼を手伝わずに、

生活必需品のパンを売る店にはいつも行列ができるが、店員はマイペースで働く。

のんびりとショーウィンドウのガラスを拭いている。

このため、1人の客が横から割り込んできて、ガラスを拭いている店員にパンを注文しようとしたところ、その店員は「私の同僚に注文してください」とにべもなく断った。客は「チッ」と舌打ちして、しぶしぶ並んでいる客の列の後ろについた。ドイツではしばしば目にする光景だ。

このエピソードだけでも、ドイツに日本のような顧客中心主義がないことがよくわかる。日本の店員ならば、店が混んでいたら客の待ち時間を少しでも短くするために、ショーウィンドウのガラスなど拭いていないで、客の注文を取るはずだ。顧客対応の基本中の基本である。

ところが日本の常識は、ドイツでは通用しない。この国の店や企業では、職務分掌《ぶんしょう》が厳しく決められており、いくら忙しい時でも、他の人の仕事を取ることは許されない。たとえ客から頼まれても、順番を待つ客が長蛇の列を作っていても、店の内部の決まりを破ってはならない。つまり日本に比べると融通が利かず、柔軟性に欠けるのだ。

お客様は神様ではない。「パンを買いたかったら、我が店の決まりを守って辛抱強く待て」というわけだ。

平日夜８時以降と日曜祝日は店を開けてはいけない

ドイツには「閉店法」という法律があり、店を開ける時間が規制されている。この法律によると日曜日と祝日の店の営業は原則として禁止されている。午後8時から翌朝6時までは店を開いてはならない。例外はガソリンスタンド、薬局、空港、大きな駅の売店などだ。ドイツには24時間営業のコンビニエンスストアや、夜中まで開いているスーパーマーケットはない。

独自の開店時間を定めている州もある。たとえばベルリンでは、1年に8回だけ日曜日に店を開けることが許されている。また、日曜日の朝に市民が焼き立てのパンを買えるように、特別に店を開けるパン屋も増えているが、これは例外である。

閉店法がドイツで初めて制定されたのは、1900年。ナチスの時代にも存在した。1956年の法律改正によって、平日の営業時間は7時から18時半まで、土曜日には14時までと定められた。私がドイツで暮らし始めた1990年にはこの規定がまだ生きていたので、土曜日に寝坊すると食料品やトイレットペーパーなどの生活必需品を買いそびれる危険があった。

私は、1980年に研修生としてドイツ銀行で3ヶ月間働くために初めてこの国を訪れた。当時は東西冷戦の最中だったので、旅客機はシベリア上空を飛ぶことができず、私が乗った南回りのシンガポール航空機は鈍行列車のように20時間かけてドイツに着いた。飛行機は給油のために頻繁に着陸しなくてはならず、今日《こんにち》の約2倍の飛行時間がかかった。途中飛行機が降りた空港はシンガポール、バーレーン、ローマ……まさに各駅停車だ。

くたくたになって学生寮に転がり込んだのは、金曜日の夕刻。生まれて初めて時差ボケを経験した私は、泥のように眠りこけた。目が覚めたのは土曜日の午後で、すでにあらゆる商店がシャッターを下ろしていた。大学3年生だった私は、ドイツで土曜日の午後2時から月曜日の朝まで店が閉まることを知らなかったのだ。

このため、私は週末に食べ物を買うことができず、ドイツで初めての夕食は日曜日で、駅の売店でのソーセージとパン、脂っこいフライドポテトの立ち食いだった。平日にも会社員が仕事の後に買い物をする時間はほとんどない。開店時間の違いは、「日本から遠い世界にやって来た」という感慨をもたらした。当時のドイツの客たちは本当に虐げられていたのだ。

だが、２００３年の法改正によって、ようやく平日、土曜日ともに閉店時間が20時まで延長されたので、市民はそれまでのように時間に追われて買い物をする必要はなくなった。会社で18時まで仕事をしても、買い物ができるようになったのだ。

それでも、コンビニエンスストアに慣れた日本人は、ドイツの営業時間規制を窮屈に感じることだろう。日本人の目には、こんな法律があること自体が余計なお世話だと感じるに違いない。

ドイツでは、長年にわたってレストランや居酒屋の営業時間も法律によって規制されてきた。私が学生だった１９８０年代には、ベルリンを除くと居酒屋など飲食店の営業が許されていたのは、午後11時までだった。最近では規制緩和のために、飲食店の営業時間の制限は徐々に減りつつある。ただし、毎年９月末にミュンヘンで開かれる世界最大のビール祭りオクトーバーフェストでは、今も営業時間が厳しく規制されており、客にビールを出すのは原則として夜10時半までとなっている。

客にサービスする気がそもそもない?

普段はあまり文句を言わないドイツ人の知人が、珍しく憤懣《ふんまん》をぶちまける。「3週間前から家のインターネットがつながらない。プロバイダーのX社と電話回線の所有者であるY社の両方にコンタクトしなくてはならない。X社、Y社ともに『自社には問題はない。相手に問題がある』と主張するばかりで問題を解決してくれない。自宅で両方の会社と交渉したり、コールセンターと電話で連絡を取りながら指示通りに作業したりするために、もう5回も会社を早退したのだが、いまだにインターネットがつながらない」。ひどいサービスのために労働時間が削られてしまう。〝サービス砂漠〟に取り残されて苦悩する被害者である。誰にでも起こり得る、戦慄すべき話だ。

私が住むマンションのベランダに蜂が巣を作った。隣人から「蜂が飛んできて迷惑だから、巣を取ってくれ」と苦情が来た。私は蜂に刺されるとアレルギー反応のために重体になる危険がある。このため自分では巣を除去できない。そこでアパートの管理会社の担当者に電話して蜂の巣の除去を頼もうとしたが、彼は会社におらずなかなか連絡がつかない。

折り返し電話するように伝言を残しても、全然電話がかかってこない。

　妻がようやく担当者をつかまえると「電話が毎日何件もかかって来るのだから、すぐに対応できないのは仕方がないじゃないか」と開き直る。まるで客が悪いと言わんばかりだ。日本の管理会社ならば、コールバックが遅れたということで平謝りするところだろうが、ドイツ人担当者は悪びれもしない。管理会社というサービス業でありながら、客のためにサービスをしようという気はない。態度ばかり大きいのだ。

　ドイツで洗面所や電気関係の修理のために職人に自宅に来てもらうのは大変だ。職人は常に引っ張りだこなので、なかなか電話がつながらない。運よく電話がつながって、アポイントが取れたとしよう。ドイツの職人は自分のオフィスもしくは自宅から客の自宅まで車で行くのにかかる時間と、作業を終えてオフィスへ戻る時間をも作業時間とみなして料金を請求してくる。これも日本では考えにくいことである。

宅配便の時間指定なんてあり得ないどころか……

　ふつう手紙や小包をもらうのは、嬉しい。だが、ドイツではストレスも伴う。この国で多くの日本人を怒らせているのが、郵便局や宅配便業者の対応の悪さだ。日本の一部の宅配業者では、客が配達時間を2時間刻みで指定できる。万一届け先が家にいなくても、不在票が入っていて、電話をすると指定の時間帯に再配達してくれる。すごいサービスだ。

ドイツではこんなサービスは想像もできない。国際宅配便といえば、外国でも素早く届きそうな印象を与える。しかしドイツでは、宅配便で荷物を送ると逆に時間が余計にかかったり、イライラさせられたりすることが多い。ある時、日本人の知り合いFさんが帰宅すると、郵便受けに国際宅配便会社フェデラル・エクスプレスからのメモが入っていた。「荷物をお届けに上がりましたが、ご不在でした」という通知である。Fさんは日本から重要な書類が届くのを待っていた。

Fさんがコールセンターに電話して再配達時間を指定しようとすると、「細かい時間の指定はできない。午前もしくは午後の配達としか指定できない」と言う。そこで翌日の午後に荷物を届けるように頼んだ。Fさんは一日中外出せずに荷物の到着を待っていたが、配達人は結局現れなかった。Fさんが怒ってコールセンターに電話すると、担当者は「配達人が病気で休みでした」と弁解するだけで、謝りの言葉もなかった。相手は悪びれる様子もない。似たような苦情をたくさん受けているのだろう。

フェデラル・エクスプレスの配送センターは郊外の辺鄙《へんぴ》な所にあることが多いので、自分で荷物を取りに行こうとすると車で片道約1時間かかる。このため私は日本の出版社や新聞社の担当者には、「国際宅配便で雑誌やゲラ（校正紙）などを送らないでください」と頼んでいる。

客への配慮が足りないのは、国際宅配便会社だけではない。郵便局の配達人は書留や小包の届け先が不在だと、通知を郵便受けに入れて帰ってしまう。受取人はその通知と身分証明書を持って、郵便局の本局に引き取りに行かなくてはならない。受取人が通知を受けてから1週間以内に本局で荷物を引き取らないと、荷物は日本へ送り返されてしまう。

本局は私の自宅から車で15分くらいの所にある。土曜日の本局では、小包や書留を引き取りに来た市民が長蛇の列を作っている。みんな週末の貴重な自由時間を犠牲にして、辛抱強く列に並んでいる。

ある時、私が本局に身分証明書としてパスポートを持って行ったら、「パスポートには現住所が記載されていないからだめだ」と言われて、荷物の引き渡しを拒否されたこともある。このため、私は荷物を引き取るために、車で自宅へ戻って住所が記載されている住民登録届の控えを持っていかなくてはならなかった（最近ではたいていパスポートだけで荷物を引き取れる）。郵便局の規則が変わるせいか、職員の対応がまちまちなのも困ったことだ)。

郵便局の配達人の中には、さらにぐうたらな者もいる。不在通知すら郵便受けに入れずに荷物を持ち帰ってしまうのだ。これでは、荷物が本局に届いていることすらわからないので、引き取りに行けない。このためせっかく日本の編集部から送ってもらった多数の掲載紙入りの小包が、また東京へ送り返されてしまったこともある。おそらく配達人のミスか怠慢が原因なのだろうが、こういう時の憤懣は、やり場がない。

車内放送で乗客を叱りつける運転士

公共交通機関でも、客はしばしばストレスを感じさせられる。日本のバスの運転手は、乗降口の扉を閉めて発車しようとしている時に、乗客が停留所に向かって走って来るのを見たら扉を開けるだろう。ドイツではこのようなことはほとんどない。運転手はバスが遅れるのが嫌なので、乗客の鼻先で扉を閉めて冷たく出発する。乗り損ねた人が外から扉を叩いても、知らんぷりだ。遅く来るのが悪い、次のバスを待て、というわけだ。

ドイツの地下鉄では、運転士が車内放送で「ツリュックブライベン(後ろに下がってください)」と言ったら「扉を閉めるからもう乗るな」という合図だ。だが時々、急いでいる乗客が扉が閉まりかけているのに無理やり地下鉄に乗ろうとして、扉にはさまれることがある。運転士は一度扉を開けてから閉め直し、発車しなくてはならない。日本ならば車掌が車内放送で「駆け込み乗車は、他のお客様の迷惑にもなりますのでおやめください」と言うくらいだろう。だがドイツの地下鉄の運転士は「もう乗らないでと言ったじゃないか！　他の人が迷惑するじゃないか！」と耳をつんざくような音量で乗客を叱りつけることがある。私はこんな車内放送を聞くと、他の乗客が叱られているのに、自分が怒鳴られているような気がして、朝から何となく暗い気持ちになる。

2018年1月の早朝、私は出張するためにミュンヘン駅に行った。ドイツの駅の表示板には、プラットフォームのどの辺に立てば、予約した車両の入り口に近いかが表示されている。私がネット上で予約していたのは、9号車。しかしプラットフォームに入ってきた列車には、9号車がなかった。乗客たちは自分が予約した車両を探して右往左往する。駅員にどうすればいいか尋ねると、「列車の編成が変わったので、9号車はありません。空いている席に座ってください」と言う。車両の編成が変わったことを伝えるアナウンスもない。これではわざわざ追加料金を払って、席を予約した意味がない。

仕方なく列車に乗り込み空席が多い車両に座ると、暖房が利いておらず空気が氷のように冷たい。他の乗客も、毛糸の帽子、コートやマフラー姿のまま座っている。私のブーツの中の指先も、冷え切った。車掌に尋ねると、「暖房装置が壊れているので、他の車両に移ってください」と言う。もしもこのようなことが日本で起きたら、車掌は平身低頭で謝るだろうが、ドイツでは謝罪の言葉もない。車掌も駅員もみんな「自分の責任ではない」という顔をしている。

２０１７年11月に日本のつくばエクスプレスを運営する会社が、列車が予定時刻よりも20秒早く発車したことについて謝罪した。この出来事はドイツでもニュースで報道されたが、聞いた人はみな驚いている。ドイツではこのような理由で謝罪することはあり得ないからだ。もしドイツの鉄道会社が20秒早く発車したことで謝罪したら、ドイツ人は冗談だと思うに違いない。

おもてなし天国の日本

そんなサービス砂漠のドイツに比べると、日本はおもてなし超大国である。特に目立つのは商店で働く人々の丁寧な態度、客思いの親切な対応だ。

ドイツとは違って、店員が客の立場を考えて行動している。「自分がお客様だったら、こう感じるのではないか」と先回りして考えている。気配りしているからこそ、痒《かゆ》い所に手が届くような対応ができる。

私は1990年以来、毎年少なくとも1回は講演や出版社との打ち合わせのために日本に来ているが、そのたびに顧客サービスの水準の高さに感動する。ふだん住んでいるドイツとの差があまりにも大きいからだ。私だけではなく、ドイツに住んでいる日本人は、一時帰国するたびに似たような感想を抱いている。

24時間営業のコンビニエンスストアの数は、ものすごい。しかも、これらの店では宅配便を発送したり、切手を買ったり、映画のチケットを買ったり、ホテルの部屋を予約したり、文書をコピーして、そのままファクスとして送ったりすることもできる。ドイツで夜に買い物ができるのは、ガソリンスタンドか大きな駅の売店くらいだ。置いている品数は、コンビニエンスストアの比ではない。

また、日本ではコンビニエンスストア以外のスーパーマーケットの中にも、夜中まで営業している店がある。さらに正月三が日に店を開けている商店も増えている。消費者思いの営業時間である。夜遅くまで仕事をする会社員や、祝日に急に買わなくてはならないものに気づいた時には便利である。ドイツでは日曜日やクリスマス（12月25日・26日）などの祝祭日には原則として全ての店が閉まっている。このため消費者は、平日までじっと待たなくてはならない。

日本の接客態度は世界一？

日本では、商店やレストランで代金を払うと、客に対して「ありがとうございました」と言う時に、身体の前に手を揃えて最敬礼する店員が多い。ふだん頭を下げられることに慣れていない私は、いささか恥ずかしくなってしまうほどだ。日本の店員の態度は２００８年のリーマンショックの頃から一段と良くなったような気がする。きっと、彼らは接客態度について厳しい教育を受けているのだろう。

デパートの地下の食品売り場でお土産用の菓子を買うと、頼まないのに小分け用の紙袋を余分に入れてくれる。雨が降っている時には、気を利かせて紙袋をビニールのカバーで包んでくれる。痒い所に手が届く心遣いだ。勘定を済ますと、ショーケースの後ろで働いている店員がわざわざ前に出てきて、紙袋を丁寧に手渡してくれる店もある。ショーケース越しに商品を渡すのは失礼ということなのだろう。細かいことだが、客を大事にしているという気持ちが伝わる。

あるデパートで商品を買った時、店員さんが商品を紙の手提げ袋に入れてくれた。それだけではなく、手提げ袋の上部をセロハンテープで閉じてくれた。よく見ると、セロハンテープの一方の端が折り曲げてあり、一種の小さな〝取っ手〟が作られている。家へ帰って商品を取り出す時に、セロハンテープを剥がしやすくするためである。確かにこの小さな取っ手をつまめば、テープを簡単に剥がすことができる。こうした細かい点への配慮は、ドイツ人にはまず真似できないと思う。

私が知っているドイツ人夫婦は、15年前に初めて日本で休暇を過ごした。「日本でお店に行くと、店員の態度がとても丁寧なのに感心した。客が店内の商品をゆっくり見られるように、客に対して押しつけがましい態度をとらない。しかし客が何かを知りたいなと思うと、すぐに飛んできて親身になって考えてくれた」と語る。

日本の店員は客の振る舞いには細心の注意を払っており、客が何かを知りたそうな素振りを見せると、すぐに客のところに駆けつける。押しつけがましくなく、しかも客を放っておくわけでもない。この客との「間合い」のとり方が絶妙だとドイツ人の知り合いは感じたのである。阿吽《あうん》の呼吸が接客態度にも表れている。

行き届いたサービスの裏側で……

日本の書店で本を買うと、店員から「紙のカバーをおかけしますか」と必ず聞かれる。紙カバーをかけるだけではなく、ビニール袋にも入れてくれる。

本に紙カバーをかけるのは、なぜだろう。電車の中で何の本を読んでいるかを他の乗客から見られないようにするためだろうか。それとも本の表紙がカバンの中で折れたり、食堂のテーブルの上で汚れたりするのを防ぐためだろうか。いずれにしてもドイツでは本に紙カバーをかけるサービスは存在しない。

ある時、東京のホテル滞在中にズボンのファスナーが壊れたので、フロントに電話して「どこか近くに洋服の修理をしてくれる店はないでしょうか」と尋ねたら、従業員が部屋までズボンを引き取りに来て、その後無料で修理してくれた。とてもありがたかった。

九州のある旅館に泊まったら、「夜中にお腹が空《す》いたら自由にお召し上がりください」と廊下におにぎりが置いてあった。どちらも、ドイツならば絶対にお金を取られるサービスだ。

２０１７年に沖縄県の小浜島に滞在した。この島にはバスなどの公共交通機関がない。小浜島のレストランや喫茶店に電話をすると、泊まっているホテルまで車で迎えに来てくれるほか、食事が終わったらホテルまで車で送ってくれる。店の従業員にとっては大変な手間だと思うが、客にとっては安心して酒も飲めるので便利なサービスである。コーヒーを飲むだけ、ラーメン1杯を食べるだけでも車で送迎してくれるのは有り難い。日本でもあちこち旅行しているが、このようなサービスを経験したのは初めてだった。

日本の大半のホテルでは浴衣《ゆかた》、歯ブラシ、髭剃りが置いてある。荷物を少なくできるので便利だ。しかし、ドイツの大半のホテルではこういったアメニティーはない。宿泊料金が1泊100ユーロ（1万3000円）以下のホテルでは、ヘアドライヤーやスリッパもない。客が自分で持って行かなくてはならないので、荷物がかさむ。

日本では、小包や郵便をめぐるストレスもドイツに比べるとはるかに少ない。宅配便の配達時間の指定はドイツよりもはるかに緻密である。

ある時、ドイツに日本で買った書籍や食料品などの小包を10個以上送ることになった。すると近くの郵便局の局員が夜9時ごろ家にまで小包を引き取りに来てくれた。もちろん、料金も家で払うことができた。消費者の利便性を考えた、日本ならではのきめ細かなサービスである。ドイツには、郵便局員が自宅まで小包を取りに来てくれるようなサービスはない。

ただ私は、玄関で大汗をかきながら荷物の重さを量っている郵便局員の姿を見ながら、「この人は今日何時に自宅でくつろげるのだろうか。明日の朝には、何時にまた仕事に出なくてはならないのだろうか」と一瞬思ってしまった。

コインに表面と裏面があるように、あらゆるものには光と影、長所と短所がある。私は毎年日本とドイツを行き来する間に、「日本のおもてなしは客にとっては素晴らしいことだが、サービスを提供する側にとっては、過重な負担になっているのではないか。日本の店員や郵便局員の労働条件は、サービスの手抜きをしているドイツよりも、悪くなっているのではないか」という思いも持つようになってきた。

この点について、次章以降で詳しくお伝えしよう。

第2章

みんなが不便を「ちょっとだけ我慢する」社会

⇩他人のサービスに期待しすぎない気楽な生き方

前章でドイツのサービスの悪さについて読んで、「ドイツ市民はなぜこんな扱いをされて怒らないのか?」と不思議に思った読者もいるだろう。その理由は、ドイツ人のサービスへの期待度が我々日本人に比べて低いからだ。彼らは日本人ほど、レストランや商店、ホテルで良いサービスを期待していない。

サービスへの期待度が低いドイツ人

私もドイツに29年住んで、この国ではもはや良好なサービスを期待しなくなった。「ここはドイツなので、良いサービスはない」と思うようにしている。

前章で食堂の店員がコースターを客の前に手裏剣のように投げたエピソードをご紹介したが、その場にいたある日本人は「ドイツに5年間住んでいるが、こうした態度には、いまだに慣れない。客に対して最低限の思いやりがない」と憤慨していた。多くの日本人は、目の前に物を投げられると「邪険に扱われている」と不快に思う。繊細な客の中には、犬や猫の前に餌を投げる情景を連想する人もいるだろう。

しかし私はこの時、店員がコースターを客の前に投げるのを見ても全く怒りを覚えなかった。その理由は、「この国のサービスというのはこんなものだ」と悟っていたからである。以前私は会議の席で、ドイツ人が自分の名刺を客に1枚ずつ手渡さずに、テーブルの上に投げたのを見たことがある。名刺すら投げる人がいるのだから、飲み物のコースターを投げられたくらいでは驚かない。冷静に考えれば、それで何か不都合なことが起こるわけではない。あくまで気分の問題である。

つまり、サービスに対する期待度を下げてしまえば、サービスが悪くてもあまり不快に思わない。「自分はお客様なのだから、良いサービスを受けて当たり前だ」と思い込んでいると、サービスが悪いと頭に来る。腹を立てると、その日は損をしたような気がして楽しくない。いやな思いをするのは結局自分である。

私もドイツへ来た1990年頃には、サービスの悪さについてしばしば腹を立てていた。だがこの国に長らく住んでいるうちに、「ドイツだけでなく、日本から一歩外へ出るとサービスは基本的に悪い」という考え方が身についてしまった。いくらじたばたしても、他人の行動や考え方を変えることはできないので、自分の感受性を変えたのだ。サービスに対する期待度を下げると、スーッと気持ちが楽になる。私の態度について、「悪いサービスの前に降伏したのか」と呆れる人もいるかもしれないが、この方が精神衛生上、メリットが大きい。

レストランで店員がなかなか注文を取りに来ず、待ちぼうけを食わされても「経営者が人件費を節約しようとしているので、従業員の数が足りないからすぐに注文を取りに来られないのだろうなあ。かわいそうだなあ」と思うくらいだ。

大半のドイツ市民も、この国のサービスについて「こんなものだ」と思っており、際立って悪いとは感じていない。多くのドイツ人は日本に行ったことがないので、日本のような「サービス先進国」があることを知らないからだ。

なぜドイツ人はサービスが苦手なのか

私がドイツ人から高い水準のサービスを期待しないもう一つの理由は、サービスが未発達である背景に、彼らの強烈な個人主義があることを知っているからだ。

ドイツ人の店員は客に対してへりくだらない。客に向かってペコペコせず、常に堂々としている。ドイツ語でサービスに相当する言葉はDienst（ディーンスト）である。この言葉の動詞はdienen《ディーネン》（人に仕える、サービスをする）だが、派生語にDiener《ディーナー》（従者、下僕《げぼく》）という言葉もある。つまり、ディーンストという言葉は客との目線の違いを感じさせるので、個人主義が強いドイツ人には聞こえがよくない。誇り高きドイツ人たちは、人に仕えること、サービスをすることが得意ではないのだ。

さらに、ドイツ人は日本人ほど他人の感情を重視しない。感情よりも規則や理屈を重んじる。ドイツ語ではこういう人のことをコップフメンシュ（Kopfmensch＝頭を優先する人、感情よりも理屈を優先する人）というが、この国にはコップフメンシュが多い。

たとえば、アンゲラ・メルケル首相はコップフメンシュの典型だ。彼女は政治家になる前は、物理学者だった。メルケル氏はどんな状況でも感情を顔に出さず、冷静沈着に振舞うことで知られる。演説の内容も理詰めで、聴衆の感情に訴えかけるような話し方ができない。感情よりも合理性を重んじる典型的なドイツ人である。

忖度《そんたく》が不得意のドイツ人

日本人のAさんはドイツ人の知り合いに「こんなひどい目にあった」と自分の体験を話した。その知り合いはAさんに慰めの言葉をかけるどころか「そうですか。自分はそんなひどい目にあわないでよかった」と言っただけだった。他人の感情への配慮という意味では、不可解な反応である。もしもこのドイツ人がAさんの感情に気配りしていたら、こんなことは絶対に言わないだろう。忖度社会・日本に慣れた人の目には、ドイツ人の態度は不思議なものに映るだろう。

他人に対してきめの細かいサービスを行うには、他人の感情に配慮すること、空気を読むことが不可欠だ。「自分が客だったら、こういう状況の時に何を求めるだろうか、どう感じるだろうか」と常に先回りして考えなくては、良いサービスはできない。

だが、大半のドイツ人のモットーは個人主義、自分中心主義だ。集団の和を重んじる社会ではない。このため、忖度したり空気を読んだりすることが苦手だ。ドイツの学校や家庭でも、他人の感情に配慮するよりも自分の考えを率直かつ正直に述べることの方が重視される。ドイツ人の間に、他人の心を傷つけるような、歯に衣を着せない発言を平気でする人が時々いるのは、そのせいだ。

人間はみな得意・不得意がある。たとえば、私は音痴なので歌を唄えないし、楽器も弾けないし、ワルツなどのダンスもできない。そんな人間にうまく歌を唄ったり、楽器を弾いたり、ダンスをしたりしろと言う方が無理である。それと同じように、私はドイツ人のメンタリティーがサービスに向いていないことを知っているので、初めから日本のような高水準のサービスは求めない。そうすれば、悪いサービスを受けてもイライラしないのだ。

24時間営業の店がないドイツで、生活に困らない理由

ただし、サービスの水準が低いためにドイツで非常に困ることがあるかというと、そういうわけでもない。たとえば、日本のように24時間開いているコンビニエンスストアがなくても、生活には困らない。深夜から早朝まで、好きな時におでんや鶏の唐揚げ、電球、靴下、熨斗袋《のしぶくろ》から漫画本まで買える店がたくさんあるのはすごいことだとは思うが、そういう店がなくても、それが当たり前になれば、別に不便は感じない。

ドイツでは平日の午後8時以降や、日曜日・祝祭日にはガソリンスタンドなどを除くほとんどの店が閉まっていることは前述したが、事前に買い物をしておけば問題はない。要するに買い物の段取りを少し変えればよいだけの話である。ドイツに来たばかりの日本人駐在員は戸惑うだろうが、時間が経てば慣れていく。

ホテルでも、深夜に腹が減った時のおにぎりなどは準備されていないし、ズボンのファスナーが壊れた時に無料で直してくれるサービスもない。１９９０年代の後半に東京のあるホテルに泊まった時には、エレベーターの前に和服姿の従業員が立っていて、客のためにエレベーターを呼ぶボタンを押してくれた。こんなサービスもドイツではあり得ない。

ドイツ人にとっては、このようなサービスよりも宿泊代が安くなることの方が重要だ。ドイツは社会保障制度が充実した高福祉国家である。企業は社会保険料の一部を負担しなくてはならないので、人件費が高くなる。客のためにエレベーターのボタンを押す係を雇うと、そのための人件費が宿泊料金を押し上げる。ドイツ人の目には、そのような仕事は「無駄」と映る。そして「過剰サービスを削って、そのぶん宿泊料金を安くしてほしい」と考えるのだ。

人の手を借りないことで節約

ドイツ人はまた、「自分でできることは他人の手を借りずに、自分でやる」という原則を持っている。いわゆるＤＩＹ（Do it yourself）の精神は彼らのＤＮＡの中に織り込まれている。

たとえば、ドイツではスウェーデンの「イケア」という家具店の人気が高い。飛行機の格納庫のような巨大な店舗に、家具の完成品が展示されている。大半の客は組み立て前の部品を買って、車で持ち帰って自分で組み立てる。いわばセルフサービスなので商品の値段は比較的安い。ほとんどの客は車で来るので、イケアの店舗はたいてい郊外にあり、広い駐車場を持っている。

日本ならば大半の客は、家具を自宅に配達させて組み立ててもらうだろう。私が日本に住んでいた１９８０年代までは、家具の自宅への配達と組み立ては無料だった。今でも日本には、そのようなサービスを無料で行っている家具店がある。

ドイツでは家具の配送、組み立てを頼むとたいてい料金を取られるほか、作業員にチップも払わなくてはならない。こういったサービスを無料で行う家具店は、めったにない。このため大半のドイツ人たちは、自分で家具の部品を持ち帰って組み立てることによってお金を節約するのだ。

ドイツ人には家の改修などの大工仕事が得意な人が非常に多い。しかも、日本語の「日曜大工」という言葉では十分ではないほどの、プロも顔負けの本格的な仕事ぶりである。ＤＩＹに強いのは、男性・女性を問わない。

たとえば、私の知り合いには浴室を自分で改装して、床のタイルを自分で敷いた人や、住宅のフロアリングのために木のプレートを自分で敷き詰めた人、庭の東屋《あずまや》を自分で建てた人、庭の池を自分で造った人、ギリシャの島に別荘を自分で建てた人などがいる。自動車のタイヤ交換や自転車の修理、部屋の壁の塗装などは、朝飯前だ。

たいていの大工仕事は自分で行う

ドイツの多くの町の郊外には「バウマルクト」というホームセンターがあり、巨大な店舗の中で大工仕事のための工具や材料、資材が大量に売られている。床に敷くタイルや木のフロアリング、庭の噴水や小さなプールを造るためのキットもある。まるで建築会社の資材置き場に来たような感じがする。

日本では考えられないことだが、ドイツのアパートに引っ越すと、台所の調理台、蛇口、流し（シンク）や戸棚などは付いていない。台所を売っている専門店に行って注文し、バラバラの部品を買ってきて組み立てなくてはならない。水漏れなどが起こるといやなので、台所の設置は専門業者に頼む人が多いが、自分で台所を組み立てて設置するドイツ人も少なくない。

ドイツには19世紀末や20世紀初頭に建てられた古風なアパートがたくさん残っている。ドイツ人の中には、そうしたアパートを買って自分の手でリフォームする人も少なくない。改修すれば快適だし、付加価値が高まるのでアパートを手放す時には購入価格よりも高い値段で売ることができる。

私は不器用で大工仕事が苦手である上に、そうした作業のために原稿を書いたり資料を読んだりする時間を割くのが惜しいので、つい職人さんに頼んでしまう。タイヤ交換も修理工場に頼む。いつも忙しそうにしている典型的な日本人の態度だ。このため、何でも自分でやってしまうドイツ人の器用さには、畏敬の念を抱いている。

ドイツ語にはハントヴェルカー、つまり手工業者という言葉があるが、時々ドイツ人は全員ハントヴェルカーであるかのような印象を持つ。ハントヴェルカーのハントという言葉は手という意味だが、ドイツ人は自分の手を動かすのが大好きなのだ。この器用さは、ドイツが物づくり大国としての強さを維持している理由の一つでもある。

週末や休暇に浴室のタイルを自分で敷いたドイツ人会社員に、「どうしてこんなに器用なことができるんですか?」と尋ねると、「親がこういった作業を職人に頼まずに自分でやっていて、子どもの時に手伝いながら身に付けたのです。自分でやれば、お金も節約できるしね」という答えが返ってきた。なるほど父親直伝の器用さなのか。

もちろん、家具の組み立てや自宅の改装を自分で行うと、不便な点もある。余暇が犠牲になるからだ。ドイツでは余暇とは働くための時間ではなく、遊んだりリラックスしたり、身体を休めたりするためのものだ。大工仕事をすると、足腰や腕、背中が痛くなることもある。それでもドイツ人たちは、別の機会に休みをしっかり取れることもあって、それなりの手間をかけてもお金を節約したがるのだ。

過剰サービス、過剰包装を求めない「シンプル・ライフ」

もう一つ、ドイツに比べて日本が過剰サービスだと感じるのが、包装である。日本に行くたびに気になるのが、パン屋の過剰包装だ。店員さんは、頼まなくてもパンを1個ずつ透明なビニール袋で包んだ上、全てのパンを大きなビニール袋に入れてくれる。パンがくっついたり味が混ざったりしないという意味では、良いサービスだ。しかしどの家庭でも、パン屋やコンビニエンスストア、書店などでもらうビニール袋が大量にたまっているのではないだろうか。私は毎年3週間しか日本に滞在しないが、それでもビニール袋が山のようにうずたかく積もってしまう。

ドイツのパン屋では、数種類のパンを1つの紙袋に入れるのは当たり前だ。大きなパンの場合には紙でくるむだけ。ほとんどの客は持参した布袋などにパンを入れて持ち帰る。

パンをくるむ紙は、古紙として再生できる。ドイツでは、パンを1個ずつビニール袋に入れた上に、さらにビニールの手提げ袋に入れるパン屋など一度も見たことがない。

　また、日本のデパートの地下食品売り場などで贈り物としてクッキーや煎餅《せんべい》を買うと、仰々しい紙箱を包装紙で包んでくれた上に、紙の手提げ袋に入れてくれる。「少しでも嵩《かさ》を増やして、贈り物としての豪華さを強調したい」という気持ちは理解できる。しかし、贈り物をもらった人は紙箱や包装紙を捨ててしまうので、大量のゴミが出ることになる。もらったお土産の紙箱を捨てたら、中身はほんの少しだったという経験もある。いわば上げ底だ。ドイツ人は、中身が少ないのに紙箱などによって嵩《かさ》を増やして見せる商品を「モーゲルパックング（見せかけの誇大包装）」と呼んで忌み嫌う。彼らは見せかけよりも中身を重視する傾向が強い。

　つまり、多くのドイツ人たちは、なるべく他人の手を借りずに大工仕事などを行い、過剰包装やビニールの手提げ袋を避ける「シンプル・ライフ」を実践している。

　このシンプル・ライフによって、彼らは不要な出費やチップを節約する。店やホテルがきめ細かいサービスをするために社員の数を増やすよりは、商品の値段や宿泊料金を安くすることの方を望む。何事も自分で済ますという基本原則があるので、他人のサービスに対する期待度が日本人よりも低い。午後８時以降は、原則として買い物はしない。

　サービス砂漠・ドイツが大きな摩擦も起こさずに回っている理由は、サービスに対する消費者の期待度の低さと、「原則として、他人に頼らずに自分でやる」精神なのだ。他人に対する甘えが少ない社会ともいえる。

さらに、私は29年にわたってドイツ社会を観察してきた結果、この国の人々が「お金に振り回されない」ほどほどの働き方や生活を心がけていると実感している。次章以降で、この点についてお伝えしよう。

第3章

お金の奴隷にならない働き方

⇩「ドイツの新しい通貨は自由時間」とは？

何より大切なのは「静かな生活」？

ドイツ人も人間なので、生きていくためには働いてお金を稼がなくてはならない。月給も安いよりは高い方がいい。その点は日本人と同じだ。しかし我々日本人と比べると、ドイツ人はお金や消費に振り回されず、それ以外の価値を重視している印象が強い。つまり「お金だけが全てではない」と考える人の割合が、日本よりも多い。

ドイツ人は、何をお金以上に重視するのだろうか。

たとえばドイツ人は静かな環境をとても大切にする。日本からドイツに来たばかりの人の中には、「この国は何と静かなのだろうか」という感想を抱く人が多い。東京から来た人の中には、「静かでもの足りない」と思う人もいるほどだ。実際、商店街のスピーカーから流れる音楽、選挙期間中の街頭宣伝カー、駅で地下鉄や列車のドアが閉まることを知らせる音楽、学校の周辺にまで響き渡るチャイムなどはドイツには皆無である。ドイツ人たちは、「仕事の疲れを癒すためには静かな環境が不可欠だ」と考えているからだ。

さらに、ドイツ人は森や公園など、自然を満喫することも日本人以上に重視している。静けさや豊かな自然は、お金では測れない価値である。

お金に振り回されない生活を可能にしているもの

もう一つ、ドイツ人がお金よりも重視しているものが「自由時間」だ。大半のドイツ人は、「プライベートな時間を確保するためには、仕事はほどほどでいい。給料を引き上げるために、家族や友人と過ごす時間を削りたくない」と考えている。「管理職になってストレスの多い生活はしたくない」と考える人も多い。

前章でお伝えしたように、日本に比べるとドイツでは過剰サービスが少ない。全体的にサービスの水準は低く、みんなが店やホテル、交通機関での不便を我慢しながら暮らしている。彼らは他人に多くを求めない生活、自分のことは極力自分で行う生活に慣れている。

企業や店は過剰にサービスを提供する必要がないので、労働者や店員は負担が軽くなり自由時間が増える。また、過剰なサービスをなくせば、企業や店は人件費を節約でき、商品やホテルなどの価格も割安にできるので、生活にかかるコストも小さくなる。つまり、サービスをあえて低水準にすることによって、お金に振り回されない生活を可能にするメカニズムがあるのだ。それによって働く者にとっては労働時間が短くなり、消費者にとっては物の値段が割安になるという利点が生まれる。

「ドイツの新しい通貨は自由時間」

もちろん、ドイツにも「ほどほどの生活」では満足できない人たちがいる。この国の大企業には、出世欲に燃えた野心家もいる。彼らは、部長や取締役の座に就くために自由時間を犠牲にして、日夜必死の努力を重ねている。顧客との交渉のためにファーストクラス、ビジネスクラスの飛行機で頻繁に世界中を飛び回り、数千万円、数億円の年収を得ているビジネスパーソンもいる。しかし彼らは少数派だ。お金の奴隷にはならず、ほどほどの生活をすることで満足している市民の方が圧倒的に多い。

実際、この国の企業関係者の間では、「ドイツの新しい通貨は自由時間だ」という見方が強まっている。お金よりもプライベートな時間の方が重要だと考える人が増えているという意味だ。若い労働者の間では賃上げよりも休暇日数の増加や時短を求める人の方が多くなっている。「月給が増えなくても、家族と過ごす時間が増えればいい」と考える人が主流になりつつあるのだ。

このメンタリティーは、ドイツ人がお金に振り回されていないことをはっきりと示すものである。この国では多くの人が、「時間とカネ」をクールに天秤にかけているのだ。お金以外の価値の比重が高まっているために、金銭の持つ意味が、相対的に低くなりつつある。その点で日本に比べると余裕がある社会なのだ。

現在、ドイツの景気は、1990年の東西統一以来、最も良い状態にある。企業では人手不足が深刻化しているので、企業も若者たちのこうした希望に合わせて対応しなくては、優秀な人材を採用することが難しくなっている。

多くの労働者が給料より休暇日数アップを希望

2018年11月に、お金に振り回されないドイツ人の生き方を示すあるアンケート結果が発表された。

金属、機械、電機メーカーなど226万人の組合員を抱えるドイツ最大の産業別労組IGメタルは、2018年2月に経営者団体との交渉の結果、労働者の勤務時間を柔軟化する新しい賃金協定について合意を勝ち取った。

2019年から施行された新協定の柱は2つある。1つは、労働者が育児や介護などのために労働時間を減らしたいと思う場合には、2年間にわたって所定勤務時間を週35時間から28時間に減らすことができるルールだ。労働者は2年間が過ぎると、労働時間を35時間に戻すことができる（ドイツではこれまで一度労働時間を減らすと、フルタイムに戻すことが禁じられていた）。

協定の2つ目の柱は、労働者が2019年から導入された年間追加給与（月給の27・5％）を受け取る代わりに、有給休暇の日数を8日間増やすことができるというものだ。この年間追加給与は、たとえばバーデン・ヴュルテンベルク州の機械メーカーで働く労働者の場合、約1200ユーロ（15万6000円）となる。追加給与の代わりに休暇日数を増やせる労働者は、幼い子どもを養育しているか、親の介護をしているか、長年にわたり工場でシフト勤務を行ってきた労働者である。

2018年にIGメタルはドイツの2800社の事業所評議会（ベトリープスラート＝企業別の組合）に対してこの協定に関するアンケートを実施した。その結果、これまでに回答を寄せた1400社では、約19万人もの労働者が賃上げではなく休暇日数の増加を希望していることが明らかになった。

そのうちの73・7％が工場でシフト勤務をしている労働者。次に多かったのが幼い子どもがいる労働者（21・2％）だった。

さらに、週の労働時間を2年間にわたり、35時間から28時間に減らすことを希望している労働者も８０００人にのぼることがわかった。

これもドイツ人がお金の奴隷になっていないことの表れである。

製造業界で数十万人の労働者が賃上げよりも休暇日数の増加を選んだことは、今後他の業界にも波及することは必至だ。

ドイツ鉄道はすでに2年前に、社員が賃上げと休暇日数の増加のどちらかを選択できる制度を導入している。同社では社員の半数以上が、賃上げよりも休暇日数を６日増やすことを選んでいる。

これらの事実は、「お金も大事だが、自由時間はもっと重要だ」という人生観を持つ労働者が多いことを示している。

私は店や配送業で働く人、顧客の双方に自由時間が増えれば心のゆとりができるので、お金や消費に振り回されることが減ると考えている。逆に仕事に追われて自由時間がないと、そのストレスを発散するために「衝動買い」など派手な消費に走り、何でもお金で解決しようとする傾向が強まる。

私自身の経験をお話ししよう。私は１９８０年代にＮＨＫ神戸放送局で5年間事件記者として働いた。全ての新人記者がやらされる、地方支局での「サツ回り」である。刑事や検察官の自宅に夜討ち朝駆けを繰り返す日々で、土日の出勤も多かった。特ダネを見つける作業にはスリルがあり、ジャーナリストとしての仕事は充実していたが、プライベートライフは悲惨だった。ガールフレンドもおらず、心がかなり荒《すさ》んでいた。

私が欲求不満を解消するために走ったのが、洋服である。神戸は当時もファッションの都で、外国の洋服を売る店が非常に多かった。私は泊まり勤務明けの日などには、フランスやイタリアのワイシャツや靴を売る店に足繁く通うようになった。ポール・スミスというブランドを知ったのも、1980年代の神戸だった。私は自由時間がないことによって生じた心の隙間を、消費によって埋めようとしていたのである。

この「趣味」はその後、東京やワシントンに転勤してからも続いた。日米の首都での勤務はさらに忙しく、自由時間が一段と減ったからである。

当時の自分は会社の指図通りに忠実に動く操り人形だった。ワシントン支局にいた時は米ソ間の軍縮問題などを担当していたので、米国から1ヶ月ごとにモスクワ、ロンドン、マルタ島などへ飛び回る生活だった。自分の時間をどう使うかを、自分で決めることはほとんど許されなかった。私は自分の時間の主人ではなかったのだ。

しかし、1990年にNHKを辞めてドイツに移住して自分の時間を持てるようになってからは、物欲がガクッと減り、消費に血道を上げることはなくなった。ＮＨＫ時代に比べて収入が減ったことだけがその理由ではない。心に余裕ができたので、消費への関心が弱まったのである。自分の時間を好きなように使えると、心の中に全く新しい世界が出現する。

お金の奴隷にならないための前提は、自由時間を増やし、心にゆとりを持つことだ。そのためには社会全体が働き方を変え、過剰サービスを減らす必要があると、自らの経験からも切実に感じている。

最小の労力で最大の成果を生む働き方

ドイツ人の行動パターンを理解する上で最も重要なキーワードは、効率性だ。彼らは常に費用対効果のバランスを考えている。端的に言えば、彼らはケチである。仕事をする際に使う労力や費用を最小限にして労働生産性を高めようとする。その傾向が日本以上に強いのだ。

たとえば私の知人に、数学とＩＴに強いドイツ人がいる。彼はエクセルの達人だ。エクセルの演算機能を駆使して、恐ろしく精密かつ複雑な計算ツールを構築できる。極めて複雑な課題について、1つ数字を入れるとエクセルが瞬時に答えを出す。その裏には、精緻で複雑な演算式が入力されている。彼の仕事ぶりは、石を積み上げてケルン大聖堂のような建築物を構築する石工の執念を思い起こさせる。匠《たくみ》の技である。

彼は「私は基本的にものぐさなので、仕事の時の労力をできるだけ少なくするために、エクセルを自動化しているんだ」と説明した。もちろんこの人は、全然ものぐさではなく勤勉な人物である。だが彼の言葉には、仕事にかかる労力を節約して生産性を高めるために工夫を凝らすドイツ人らしい態度が浮き彫りになっている。

ドイツ人は仕事をする際に慌てて取りかからない。仕事を始める前に、注ぎ込む労力や費用、時間を、仕事から得られる成果や見返りと比較する。仕事から得られる成果が、手間や費用に比べて少ないと見られる場合には、初めからその仕事はやらない。

もし日本ならば、仕事を発注する側の顧客が、担当企業から「見返りに比べて費用がかかりすぎるので、うちではできない」と言われたら、顧客は激怒するだろう。顧客は、その会社に二度と仕事を発注しないかもしれない。だが、ドイツではこういう説明を受けても激怒せずに納得する発注者が多い。発注者自身も常に費用対効果のバランスを考えながら仕事をしているからだ。

このようにドイツでは、日本に比べると「お客様（顧客）は神様」という発想が希薄なのだ。発注者と担当企業、もしくは買い手と売り手の目線がそれほど変わらないのである。少なくとも日本のように大きな格差はない。受注企業、つまり物やサービスを売る側が、客に対してへりくだった態度を取らず、堂々としている。これはドイツの商店やレストランの従業員の態度と同じである。

つまりドイツでは客も、企業の都合に配慮しなくてはならない。しかもこの国は法律や規則の順守を重視する国なので、企業は法律の枠内で仕事をしなくてはならない。日本との違いが最も際立つのが、労働時間と休暇の問題である。

2〜3週間のまとまった休暇は当たり前

「なぜドイツ人はこんなに労働時間が短いのに、経済が回るのでしょうか？」

私はこの国に派遣された日本企業の駐在員からよくこういう質問を受ける。結論から言えば、日独のワーク・ライフ・バランスの充実度を比べると、ドイツに軍配を上げざるを得ない。これは私が日本で8年間、ドイツで29年間働いた経験に基づく実感である。

ドイツ人は無理をしてまで、お金を稼ごうとはしない。ある意味で労働に対する見方が、日本人よりもさめている。「労働によって自己実現をする」と考えている人は、日本よりも少ない。いわんや健康を犠牲にしてまで長時間労働をする人はほとんどいない。個人の暮らしを犠牲にするくらいならば、お金稼ぎにブレーキをかける。

彼らにとって、働きすぎによって精神や身体の健康を崩すことは本末転倒なのだ。ドイツでは日本に比べると長時間労働による過労死や過労自殺、ブラック企業が大きな社会問題にはなっていない。

大半のドイツ人は、「仕事はあくまでも生活の糧《かて》を得るための手段に過ぎない。個人の生活を犠牲にはしない」という原則を持っている。だから、同じ成果を出すための労働時間は短ければ短いほどいいと考える。常に効率性を重視しているのだ。

日本ならば、ビジネスの最前線で戦う企業戦士たち、特に高成長時代を生きてきた元モーレツ社員たちから「怠惰な仕事態度だ」という批判が出そうだが、ドイツでは「自分の生活を重視する」ことについて社会的な合意ができあがっている。この国では、産出されるアウトプットが変わらないのならば、労働時間を減らすことは悪いことだとは見なされない。

日本でしばしば耳にする「仕事は終わっているのだが上司がまだ帰らないので、自分も職場に残る」とか、「基本給が低いので、残業をすることによって手取りを多くする」といった事情はドイツでは全く理解されない。

ドイツのメディアは日本で過労死や過労自殺が多いことについて時折報道するので、ドイツ人の間では「カローシ」という日本語が有名になっている。彼らにとってカローシは、カミカゼ、スシ、フジヤマ、ゲイシャ、ツナミと並んで有名な日本語である。カローシなどという言葉が外国で有名になるのは、日本にとって不名誉なことだ。

日本企業からドイツ企業に出向していた山田氏（仮名）は、毎日午後6時にはオフィスがほぼ無人になり、管理職くらいしか残っていないのを見てびっくりした。深夜まで残業をしている社員は一人もいない。

2018年にはサッカー・ワールドカップ・ロシア大会のドイツ対韓国戦がドイツ時間の午後4時から行われたが、午後3時には大半の社員が家で試合の生中継を見るために退社してしまった。

この会社はフレックスタイムを導入している。同社は機械製造業なので、毎週の所定労働時間は35時間。つまり1日7時間だ。1日あたり7時間以上働くと「労働時間口座」に残業時間（プラス）が記録され、7時間よりも短く働くとマイナスが発生する。この労働時間口座の収支が期末にマイナスにならなければ、社員は業務に支障が出ない限り何時に出社、退社してもかまわないのだ。ドイツでは大半の企業がフレックスタイムを導入している。

さらに、社員たちは交替で2週間から3週間の有給休暇をまとめて取っている。山田氏が驚いたことに、課長や部長も2〜3週間の休みを取る。有給休暇を残す社員は一人もおらず、管理職を除けば消化率は100％だ。女性社員だけではなく、男性社員が2ヶ月から3ヶ月の育児休暇を取ることも日常茶飯事だ。しかも、企業は育児休暇を取っている社員のポストを別の人で埋めてはならない。山田氏は、ドイツ人の営業マンが3ヶ月の育児休暇を取るのを見て、「これでよくお客さんが怒らないな……」と感心したほどだ。

しかも労働時間が短いのはこの会社だけではなく、ドイツの大部分の企業が似たようなシステムをとっている。

世界で最も労働時間が短いドイツ

日本とドイツはどちらも物づくりに強い経済大国だ。しかしその働き方には天と地ほどの違いがある。

まず、ドイツ人の労働時間は日本人に比べて圧倒的に短い。ＯＥＣＤによると、ドイツの労働者１人あたりの２０１７年の年間労働時間は１３５６時間で、日本（１７１０時間）よりも約21％短い。彼らが働く時間は、日本人よりも毎年３５４時間短いことになる。ＥＵ平均と比べても、約17％短い。ドイツ人の労働時間は、OECD加盟国の中で最も短い。

なぜドイツの労働時間は大幅に短いのだろうか。１つの理由は、法律だ。ドイツ政府は、勤労者の健康を守るために、労働時間についての法律による縛りを日本よりもはるかに厳しくしている。

ドイツの労働時間法によると、１日の労働時間は原則として8時間を超えてはならない。1日あたりの労働時間は10時間まで延長できるが、他の日の労働時間を短くすることによって、６ヶ月間の平均労働時間を、１日あたり8時間以下にしなくてはならない。

１日につき10時間を超える労働は、禁止されている。この上限については例外はあり得ず、「繁忙期だから」とか、「客からの注文が急に増えたから」という言い訳は通用しない。経営者は、業務が増えそうだと思ったら、社員1人あたりの1日の労働時間が10時間を超えないように、社員の数を増やさなければならない。

さらに、監督官庁による労働時間の監視が日本よりも厳しい。事業所監督局という役所が時折抜き打ちで、企業の社員の労働時間の記録を検査する。その結果、企業が社員を組織的に毎日10時間を超えて働かせていることが判明した場合、事業所監督局は、企業に対して最高1万5000ユーロ（195万円）の罰金を科すことができる。社員が労働条件の改善を要求しても経営者が対応しない場合には、社員が事業所監督局に通報することもある。

事業所監督局は、特に悪質なケースについて、経営者を検察庁に刑事告発することもある。たとえば企業経営者が一度長時間労働について摘発された後も、同じ違反を何度も繰り返したり、社員の健康や安全に危険を及ぼすような長時間労働を強制したりした場合である。

裁判所から有罪判決を受けた場合、企業経営者は最長1年間の禁錮刑に処せられる可能性がある。長時間労働を社員に強いるブラック企業の経営者には、罰金ばかりでなく刑務所も待っているのだ。つまり、労働時間の規制を守らない経営者は、「前科者」になるリスクを抱えている。

企業の中には、罰金を科された場合、長時間労働をさせていた部長、課長など管理職にポケットマネーで罰金を払わせることがある。さらに長時間労働を部下に強いていた管理

（図表３）日本よりも年間350時間も労働時間が短いドイツ

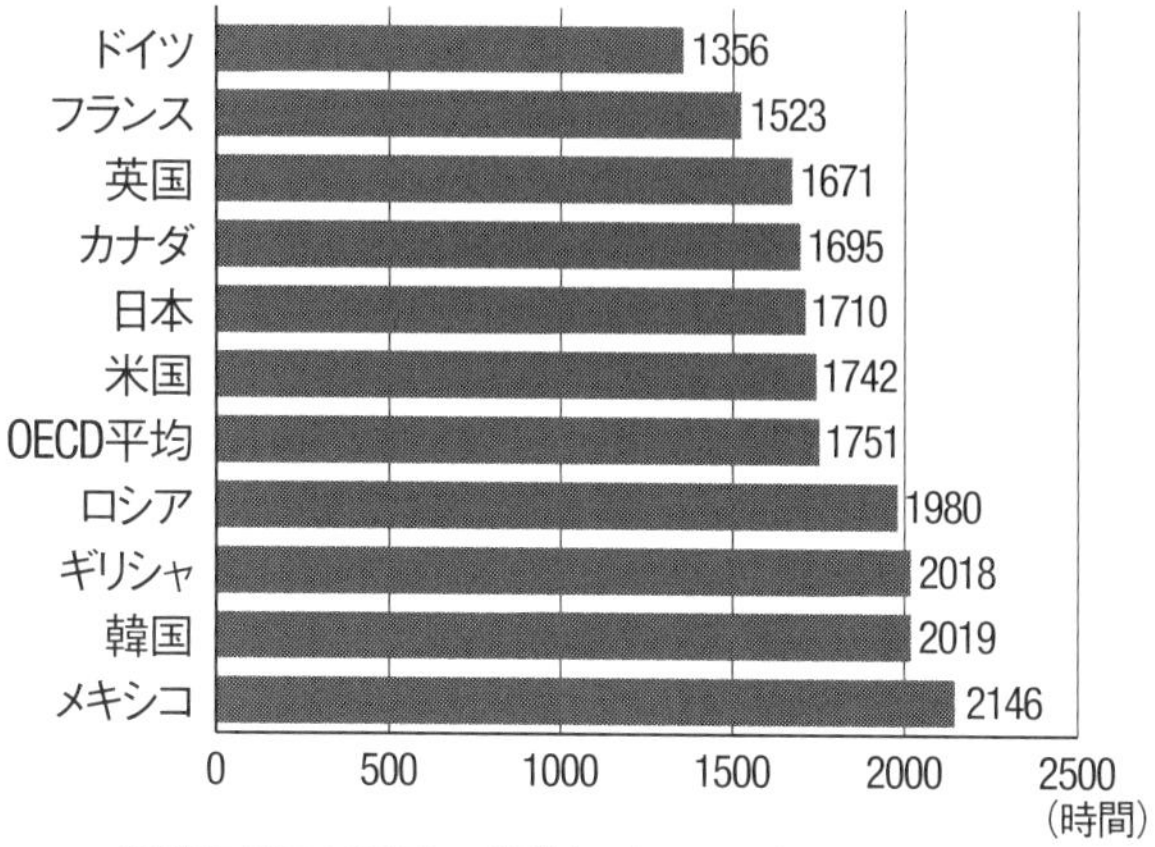

OECD加盟国の2017年の労働者１人あたりの年間平均労働時間（抜粋）
小数点以下は四捨五入。メキシコ、米国は2016年の数字
資料＝OECD

職の社内の勤務評定は非常に悪くなる。このため、ドイツの管理職たちは繁忙期でも社員たちに対し口を酸っぱくして、１日10時間を超えて働かないように命じるのだ。

会社によっては、１日の労働時間が10時間近くなると、社員のＰＣ画面に「このまま勤務を続けると労働時間が10時間を超えます。10時間を超える労働は法律違反です。ただちに退社してください」という警告が出るケースもある。

また、管理職のＰＣの画面に、部下の１日の労働時間が10時間を超えると警告が出るようにしている企業もある。

このようにしてドイツの管理職たちは、売上高や収益を増やすだけではなく、部下たちの労働時間の管理にも心を砕かなくてはならないのだ。

日本の働き方改革は残業時間に上限を設けるものだが、ドイツでは1日あたりの労働時間に上限を設けている。これは大きな違いである。

ますます強まる労働時間の柔軟化

ドイツの企業では、自宅のPCから企業のサーバーにログインして働く「ホーム・オフィス」制度も急速に広がっている。特に金融サービス業界では、書類の大半が電子化されているので、自宅からの労働が可能になる。会議には電話などで参加する。自宅で働いた時間は、会社に自分で申告する。

幼い子どもを抱える社員の間では、ホーム・オフィスは好評である。「毎週金曜日は、ホーム・オフィス」と決めている社員も少なくない。1990年代までドイツでは、社員に対して「午前9時から午後3時まではオフィスにいる義務」を課す企業が多かったが、最近では「オフィスにいなくても、成果が上がればよい」と考えるのが一般的になっている。

ドイツ政府と産業界が一体となって進めている製造業のデジタル化プロジェクト「インダストリー4・0」が普及すれば、銀行や保険会社だけではなくメーカーでも自宅からの作業が可能になる。

全社員に年30日の有給休暇

もう一つ、日独の働き方の大きな違いは、有給休暇である。1963年、つまり今から半世紀以上前に施行された「連邦休暇法」によって、企業経営者は社員に毎年最低24日間の有給休暇を与えなくてはならない。

だが実際には、ドイツの大半の企業が社員に毎年30日間の有給休暇を与えている（有給休暇の日数が33日の企業もある）。これに加えて、残業時間を1年間に10日間まで代休によって振り替えることを許している企業も多い。つまり、多くの企業では約40日間の有給休暇が与えられていることになる。

さらに土日と祝日も合わせると、ドイツ人のサラリーマンは毎年約150日休んでいることになる。1年のうち41％は働かないのに会社が回っており、ドイツが世界第4位の経済大国としての地位を保っていられるのは、驚きである。

OECDが2016年12月に発表した統計は、各国の法律で定められた最低有給休暇の日数、法定ではないが大半の企業が認めている有給休暇の日数と、祝日の数を比較している。ドイツの大半の企業が認めている有給休暇（30日）と祝日（9～13日間＝州によって異なる）を足すと、39～43日間となり世界で最も多い。日本では法律が定める最低有給休暇（10日）と祝日（16日）を足すと、26日間であり、ドイツに大きく水をあけられている。

日本の特徴は、法律が定める有給休暇の最低日数が10日と非常に少ないことだ。これはドイツ（24日）の半分以下である。しかも、ドイツでは大半の企業が、法定最低日数（24日）ではなく、30日という気前のいい日数の有給休暇を与えている。

日本では、継続勤務年数によって有給休暇の日数が増えていく。たとえば、半年働くと10日間の有給休暇が与えられ、3年半以上働いた人の有給休暇日数は14日、勤続年数が6年半を超えると、20日間の有給休暇を取れる。

これに対し、ドイツの大半の企業では、6ヶ月間の試用期間を無事にパスすれば、最初から30日間の有給休暇が与えられる。この面でも、日本のサラリーマンはドイツの勤労者に比べて不利な立場に置かれている。

有給休暇の消化率は100%が常識

さらに、日独の大きな違いを浮き彫りにするのが、有給休暇の取得率である。旅行会社

（図表４）休暇が多いドイツ、少ない日本

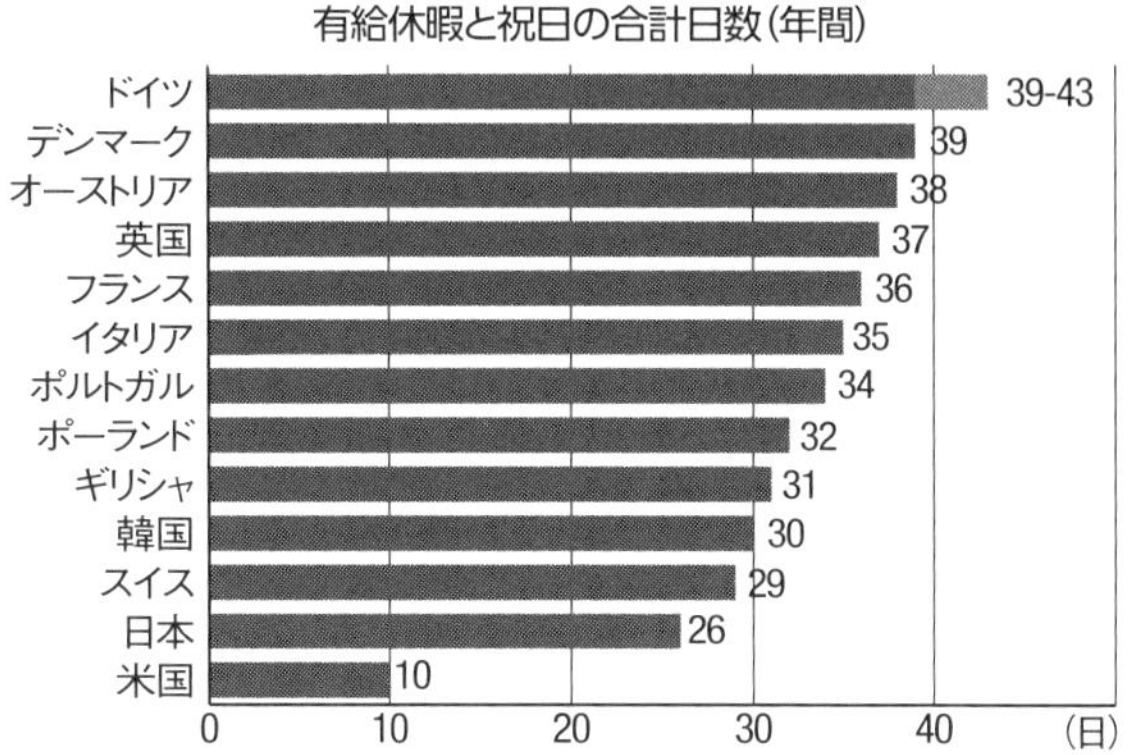

主要国の有給休暇と祝日の合計（注:法定最低休暇日数、もしくは法定ではないが大半の企業が認めている休暇日数と祝日を合わせた数字）
米国は公的な制度としての有給休暇がない
資料＝OECD「Statutory and collectively agreed annual leave」
（2016年12月1日発表の統計より）

エクスペディア・ジャパンが２０１７年12月に発表した調査結果によると、同年の日本の有給休暇取得率は50％。これは、同社が調査した12ヶ国の中で最低である。

ドイツは、エクスペディアの統計に含まれていない。しかし、私がこの国に29年住んで様々な企業を観察した結果から言うと、ドイツ企業では管理職を除く平社員は、30日間の有給休暇を１００％消化するのが常識だ。有給休暇を全て取らないと、上司から「なぜ全部消化しないのだ」と問い質《ただ》される会社もある。

管理職は、組合から「なぜあなたの課には、有給休暇を１００％消化しない社員がいるのか。あなたの人事管理のやり方が悪いので、休みを取りにくくなっているのではないか」と追及されるかもしれない。したがって、管理職は上司や組合から白い目で見られたくないので、部下に対して、有給休暇を100％取ることを事実上義務付けている。

つまり、ドイツの平社員は、30日間の有給休暇を完全に消化しなくてはならない。日本人の我々の目から見ると、「休暇を取らなくてはならない」というのは、なんと幸せなことだろうか。しかも毎年30日、つまり6週間である。

さらに、エクスペディアの調査によると日本では、「有給休暇を取る際に罪悪感を感じる」と答えた人の比率が63％と非常に高かった。フランスでは、この比率はわずか23％だ。

「長期休暇はお互い様」というコンセンサス

ドイツでは、「長期休暇を取ることは労働者の当然の権利」という考え方が社会に根付いている。全員が交代で休みを取るので、罪悪感を抱いたり、「あいつは休んでばかりいる」と同僚を妬んだりする人はいない。

私もNHKで働いている時、欧州へ個人的に旅行するために1週間休暇を取る際には、他の同僚に対して申し訳ないという、後ろめたい気持ちがあった。今考えると、なぜそう

（図表５）有給休暇取得率にも大きな差が

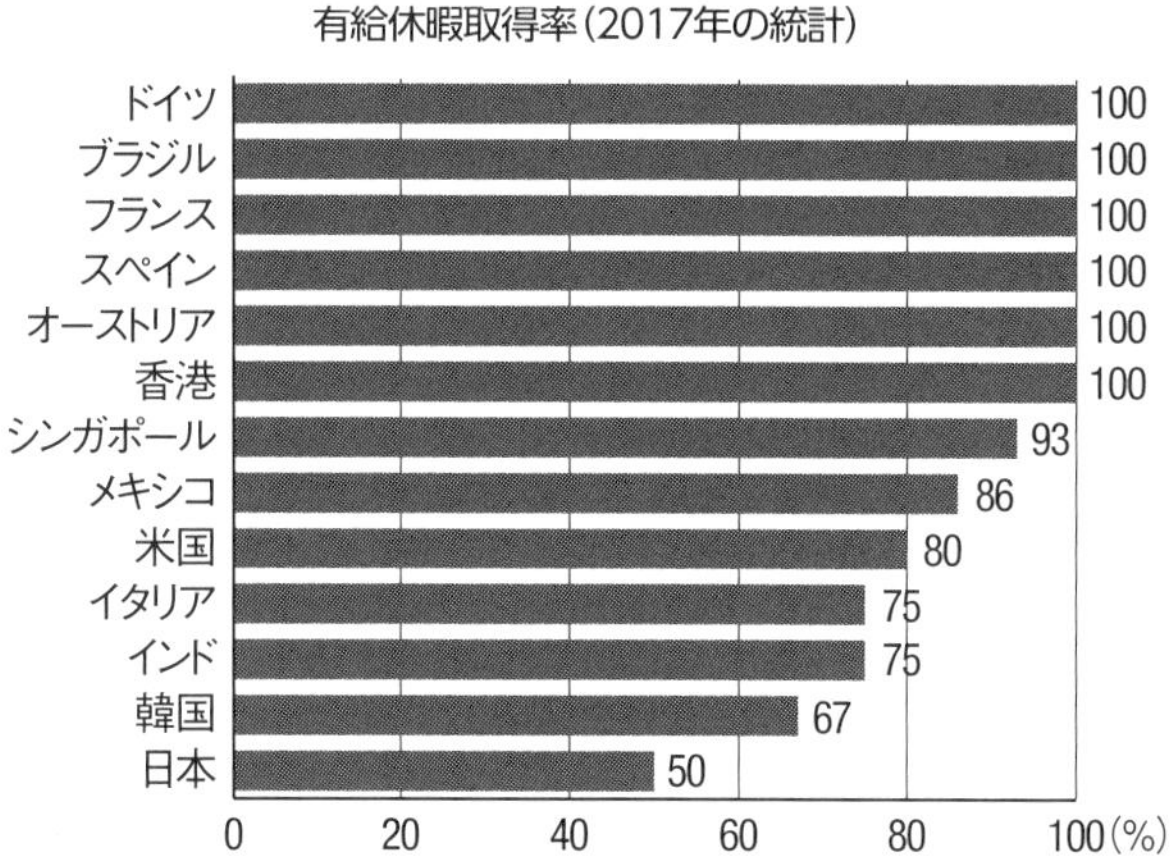

（注：ドイツの数字はエクスペディアの統計に含まれていないので、筆者が加えた）
資料＝エクスペディア・ジャパン（2017年12月発表）

（図表６）男女別・企業規模別、日本の有給休暇取得率

有給休暇の取得率

	取得率
男性	46.8%
女性	55.4%
合計	49.4%

有給休暇の取得率
（企業の規模別）

社員数	取得率
1000人以上	55.3%
300〜999人	48.0%
100〜299人	46.5%
30〜99人	43.8%

日本の労働者の平均年次有給休暇の取得状況（2017年）
資料＝厚生労働省「平成29年・就労条件総合調査」

した気持ちを抱くようになったのか、不思議だ。やはり学校での教育のせいだろうか。集団の調和を重視する日本の教育システムは、「他の人が額《ひたい》に汗して働いている時に、自分だけが遊んでいてはいけない」という罪悪感を植え付ける。他の人が苦労している時には、自分も苦労することによって、集団との一体感と安心感を得る。

だが、ドイツ人の間では、こうした罪悪感はゼロに等しい。ドイツ人は、次の日から2～3週間休む同僚に対して「休暇を思う存分楽しんできてね」とか「仕事を忘れて、ゆっくり身体を休めてね」という言葉をかける。自分も別の時期に同じように休暇を取ることになるからだ。

みんなが交代で毎年6週間の有給休暇を消化しても、日々の業務は滞りなく進んでいる。部長や課長が休暇期間には決裁権を部下に与えるからだ。休暇中の連絡先を伝える必要はないし、平社員は休暇中に会社のメールを読む必要もない。

あるドイツ人に少なくとも2週間まとめて休む理由を尋ねたら、「最初の1週間は、まだ会社のことが心の中に残っている。本当に会社のことをきれいさっぱり忘れて、気分転換ができるのは、2週目からだ」という答えが返ってきた。

休暇の重要な目的の一つは、気分転換だ。会社以外の世界も存在すること、そして自分が会社員であるだけではなく、「人間」でもあることを、改めて認識する。ワーク・ライフ・バランスの維持、そして心の健康管理という点で、長期休暇は非常に重要である。

ドイツ人は、我々日本人よりもシステムを構築することが得意だ。彼らは各人が毎年6週間休んでも企業や経済が回るシステムを築き上げることに成功したのである。

彼らがシステム作りに長《た》けている理由の一つは、先にあげた個人主義である。ドイツでは日本に比べるとチーム精神が希薄であり、個人主義が職場にも浸透している。

一日の労働時間は限られているので、部下がきちんと働いているかどうかを上司がいちいち点検することは不可能だ。そこで、企業は規則と各人の役割、権限と義務を決めた後は、各人に自己責任で行動させる。各人は決められた権限の枠の中で、成果を上げるために好きなように行動することができる。権限から逸脱した行動をとったメンバーは罰せられる。日本とドイツの産業構造を研究している学者の中には、「ドイツ人がシステム思考に長けていることが、彼らの経済システムが比較的少ないインプットでも回っている理由だ」と分析する人がいる。

ドイツの企業は「休暇を中心に回っている」？

ドイツを初めて訪れた人の中には、「この国の企業は、休暇を中心に回っているみたいだ」と思う人がいるかもしれない。確かに多くのドイツ人は、年が明けると夏の長期休暇の計画を練り始める。

彼らの休暇の過ごし方は、日本人と全然違う。彼らは1週間で10ヶ所の町をあわただしく駆け足で回る旅ではなく、2〜3週間にわたりイタリアやスペインの海岸などのリゾート地に滞在する形式の休暇を好む。物見遊山ではなく、身体を休めて仕事のストレスから回復するのが、休暇の最大の目的だからだ。

家族4人で2週間ホテルに滞在するとなると、コストもかさむ。ホテル、飛行機、食事込みの割安パッケージ旅行は、早く予約しないと、売り切れてしまう。したがって、多くのドイツ人たちは、同僚と長期的な休みが重ならないように、毎年1月になるとお互いの休暇の計画について相談を始める。中には、1年前から休暇の計画を練り始める人もいる。

長期休暇を取る時期は、千差万別だ。子どもがいる人は、学校が夏休みになる7〜8月や冬休みがある12月に2〜3週間の休みを取る。子どもがいない人は、他の人と重ならず、上司が許可すれば1年のうち、いつでも長い休みを取れる。日本では、大半の人が盆と正月に集中してまとまった休みを取るので、高速道路が大渋滞したり、長距離列車が満席になったりするが、ドイツでは交通機関や道路が混雑する時期を避けて休みを取ることが可能なのだ。

２０１１年にドイツの日刊紙南ドイツ新聞は、一時的にドイツ本社で数年間勤務していたある日本人をインタビューし、「私は、生まれて初めて2週間半の休暇をまとめて取った」という感激の言葉を紹介している。ドイツ人にとって、２～３週間の休みをまとめて取ることは、珍しくもなんともない。だが、ドイツで初めて働いたこの日本人にとっては、２週間まとめて休めるというのは、衝撃的な体験だったのだ。

私は長らくドイツで働いた経験に基づき断言するが、社員全員が交代で2～3週間の休暇を取っても、会社は回る。１日の労働時間を10時間までに制限しても、経済は停滞しない。同じ結果を生むならば、短く働いて自分の時間を多く持てる方がいい。これは国籍、人種、文化を問わず、どの社会にもあてはまる真理のはずだ。

心のゆとりで「ちょっとした不便」も対応できる

前述のようにドイツでは、日曜日や祝祭日に原則として商店は休むし、平日も20時以降は大半の店がシャッターを下ろす。ドイツ人たちも、日本と同じように日曜日や祝祭日に店を開ければ、販売量や売上高が増えることは知っている。だが、この国では会社や役所勤めの人々だけでなく、商店で働く人たちも休むことができるように、日曜・祝祭日の店の営業が法律で禁じられている。彼らは自分の時間を必要以上に犠牲にしたり、健康を害するリスクをおかしてまで、お金を稼ごうとは思わないのだ。これもドイツ社会のゆとりの表れだと思う。

ドイツでは大半の客が「店で働いている人や配達人にも、他のサラリーマン同様に休む権利がある」と思っている。したがって、彼らは日曜日にデパートやスーパーマーケットで買い物ができなかったり、荷物の配達などで不便が生じたりしても我慢する。この社会的な合意が、市民が「ちょっとした不便」をお互い様と我慢するための前提である。

自分自身のワーク・ライフ・バランスが改善され、たっぷり休養を取ることができれば、「他の人にも休む権利がある」と考える心のゆとりが生まれるのではないだろうか。少し

（図表7）国民1人あたりのGDPランキング

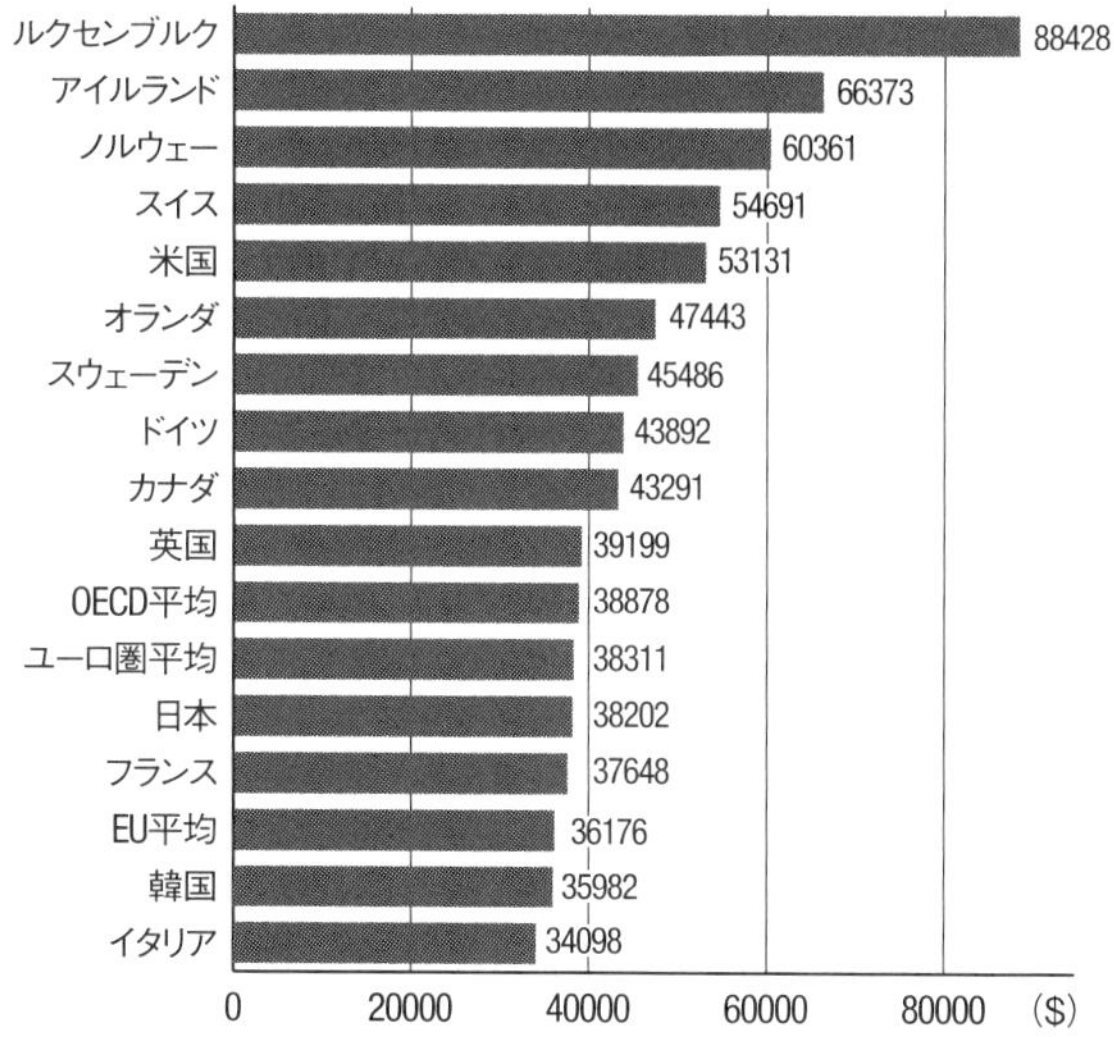

国民1人あたりのGDP（2017年。抜粋）。2010年の購買力平均（PPP）を使用
小数点以下は四捨五入。購買力平価（PPP）とは、A国である価格で買える商品が、B国ではいくらで買えるかを示す交換レート
購買力平価＝基準時点の為替レート×A国の物価指数／B国の物価指数
資料＝OECD（2018年8月5日にダウンロード）
注:OECDの統計の直近の年の数字は、ダウンロードする時期によって異なる

くらいのサービス不足にイライラを感じたりしなくて済むのではないだろうか。

「衣食足りて礼節を知る」という諺《ことわざ》があるが、「全ての市民に休む権利がある」と感じられるようになるには、まず自分がたっぷり休息を取って余裕のある精神状態を保つ必要があるということだろう。

日本を大幅に上回る
ドイツの労働生産性

ドイツ国民たちがゆとりのある暮らしをしているからと

いって、経済が停滞しているわけではない。意外なことに、ドイツ人は短い労働時間で、日本人よりも多くの付加価値を生み出している。

ＯＥＣＤによると、２０１７年のドイツの国民１人あたりのＧＤＰは、４万３８９２ドルで、日本（３万８２０２ドル）よりも14・９％多い。言い換えれば、日本人は毎年ドイツ人よりも３５４時間長く働いているのに、国民１人あたりのＧＤＰは、ドイツよりも約13％少ないのだ。ＯＥＣＤが発表している国民１人あたりのＧＤＰでは、ドイツは調査の対象となった36ヶ国の中で12位、日本は17位だ。日本の数字はＯＥＣＤの平均よりも低くなっている。

日本とドイツの間の労働生産性にも大きな差が開いている。ＯＥＣＤは、毎年各国の労働生産性を比べた統計を発表している。ここで使われている労働生産性の定義は、労働者が１時間あたりに生み出す国内総生産（ＧＤＰ）である。ＯＥＣＤによると、ドイツの２０１７年の労働生産性は69・８ドルで、日本（46・９ドル）に比べて48・８％も高い。つまり彼らは我々よりも短く働いて、我々の１・５倍の価値を生んでいることになる。

ＯＥＣＤのランキングに載っている36ヶ国のうち、ドイツは第６位。日本は第20位と大きく水をあけられている。日本の労働生産性は、ＯＥＣＤ平均よりも低くなっている。

（図表８） １時間あたりの労働生産性ランキング

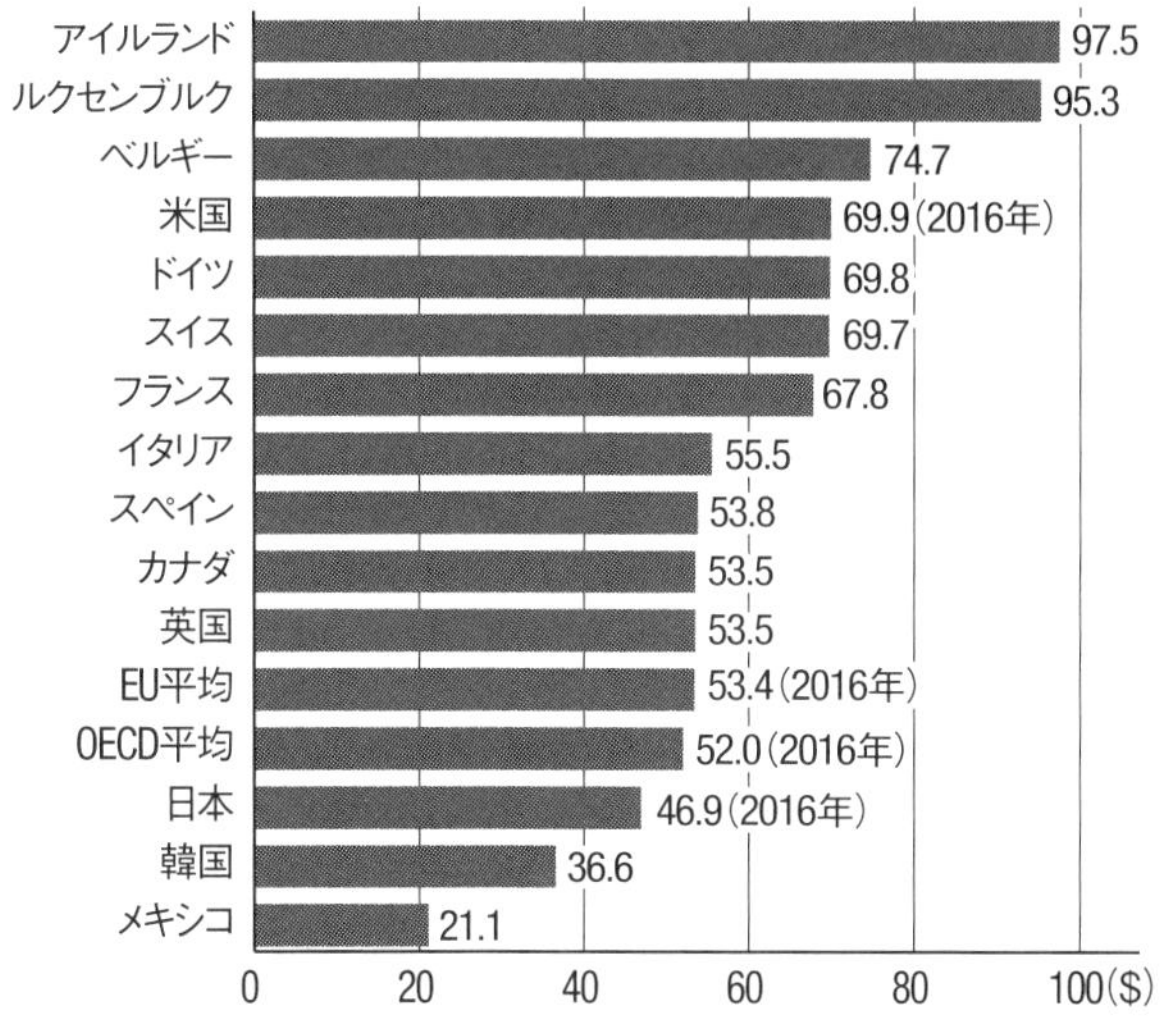

米国、日本、EU、OECDの数字は2016年、他は2017年の数字（抜粋）
為替レートは、現在の購買力平価（PPP）を使用
資料＝OECD（2018年12月27日にダウンロード）

ドイツの労働生産性が高い最大の理由は、労働時間の短さにある。GDPでは世界第３位の日本の労働生産性が低いのは、長い労働時間のせいだ。

もちろん労働生産性は、業種ごとに異なる。たとえば日本の機械製造業界、特に自動車産業の労働生産性は、ドイツよりもはるかに高いといわれている。しかし、日本のサービス業の労働生産性はドイツよりも大幅に低い。OECDの統計には製造業からサービス業まであらゆる業種が含まれている。日本では、自動車など一部の業種で労働生産性が高いのに、サービス業の労働生産性が低いので、全体としてはドイツに水をあけられているのだ。

ドイツ人よりも長く働いているのに、一人ひとりが1時間働くことで生む価値は低い。これは我々日本人の働き方に、ドイツよりも非効率な部分があることを物語っている。

現在世界中の企業にとっては、労働生産性の改善が重要な課題になっている。日本も例外ではない。機関投資家も、投資先を選ぶ際に労働生産性が高い企業に注目する傾向がある。つまり、労働生産性が低い企業には、投資家からの資金が集まらなくなる可能性もある。日本の全ての経営者にとって、労働生産性の改善は重要なテーマである。

ゆとりある働き方でも日本をしのぐ経済成長率

ＧＤＰの成長率においても、２０１７年のドイツは2・5％で、日本（1・7％）に大きく水をあけている。２０１４年以降は、ドイツ経済が拡大するテンポは日本経済よりも速くなっている。

さらに、財とサービスの貿易黒字を合計した経常黒字でも、ドイツは２０１７年に中国を追い抜いて世界1位となった。その要因は自動車、機械、プラントなどの輸出が好調で

（図表 9） 世界のGDPベスト10（名目GDP）

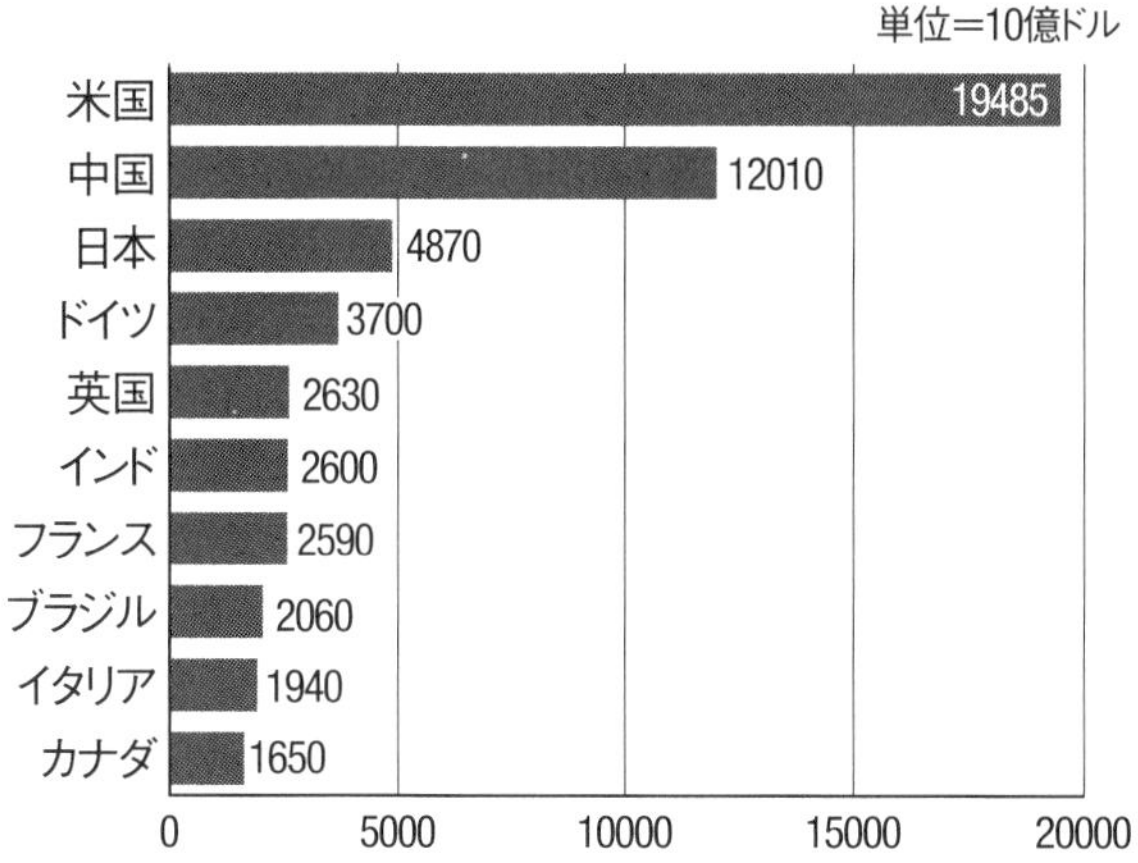

2017年の各国のGDP
資料＝IMF（2018年12月27日にダウンロード）

（図表 10） 日本とドイツの経済成長率

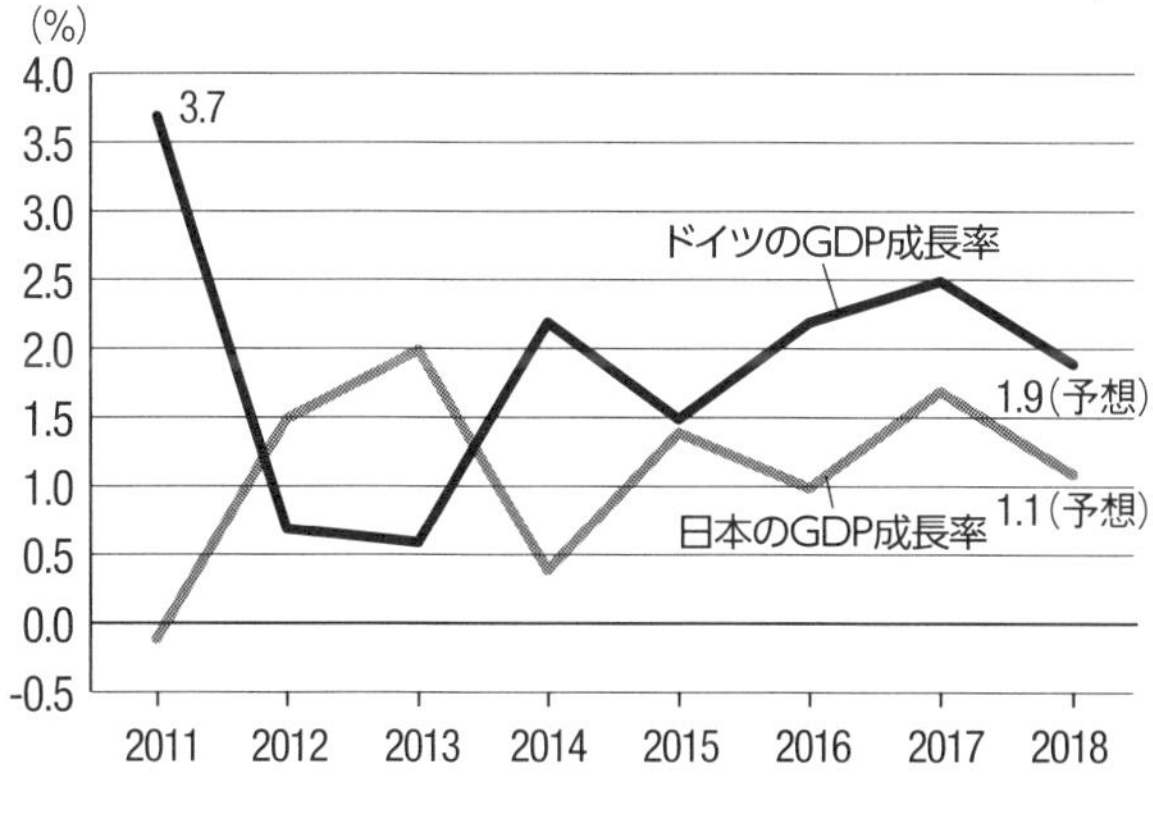

資料＝IMF「世界経済見通し」（2018年10月）

あるためだ。ドイツの経常黒字は日本を約41％上回っている。

現在ドイツの景気は、1990年の東西統一以来最も良い状態にある。休みが長くても、物づくり大国ドイツの力は衰えていない。これらの数字は、高いワーク・ライフ・バランスを維持しながら、経済成長を続けることが不可能ではないことを示している。

第4章

ドイツ人はお金をかけずに生活を楽しむ達人

⇩ドイツ流・明るいケチケチ生活の極意

日本人がショッピング好きなのは「忙しすぎる」から？

日本人の間には、消費を娯楽としている人が少なくない。日曜日や祝日にはほぼ全ての店が開いているので、繁華街へ出かけてショッピングを楽しむ市民が多い。日曜日や祝日には、オフィスで拘束される平日よりも自由時間があるので、売る側は店を開いて客を呼び込む。お金を稼ぐという観点からは合理的である。日本では、売り上げが平日よりも多くなる日曜日や祝日に営業しない店主は、よほどの変わり者であろう。

新しいスマホ、発売されたばかりのAIスピーカー、最新のタブレット型PC……。日本人が買い物にかける執念は、ものすごい。したがって、企業もコマーシャルや電車内の広告などに多額の費用と手間をかけている。郊外から人々が流れ込むので、日曜日や祝日の繁華街の混雑は、凄まじい。最近の東京では、新宿や銀座、原宿だけではなく、少し郊外に位置する吉祥寺や立川ですら、日曜日には大変混雑する。ちょっとひと休みと思って喫茶店に立ち寄ろうと思っても、満席であることが多い。

商店街のスピーカーからは、音楽やお買い得商品についての宣伝、値引きのお知らせが切れ目なく流れる。日本で商売をする人たちは、「商店街やデパート、スーパーがシーンとしているのは辛気くさい」ため、スピーカーからの音で賑やかにした方が良いと考えているようだ。家族を連れてショッピングに出かける年配の市民は、この騒音と人混みだけで疲れてしまうのではないだろうか。絶え間ない音楽や宣伝文句の洪水は、神経を疲れさせる。これでは、何のための休みなのかわからない。

これは日本に限らず、香港や中国、シンガポール、タイでも見られる現象だ。香港の繁華街・銅鑼湾《どらわん》（コーズウェイベイ）の巨大なショッピング・モールを歩いていて、私は新宿の歌舞伎町や渋谷センター街の喧騒を思い出した。「休みの日のショッピング好き」は、アジアに共通した娯楽である。

アジアに出張や駐在で滞在しているドイツ人の中には、週末の喧騒にげんなりする人も多いようだ。多くのドイツ人は新宿や渋谷など東京の繁華街を「巨大な消費の殿堂」と見ている。

なぜ、日本では消費を娯楽としている人が多いのだろうか。

私は前章でも触れたように、自由時間が少ないためだと考えている。会社での仕事が忙しいために、自分が自由に使える時間が少なくても、買い物ならば比較的短時間で行える。

ドイツ人のようにいつでも休みを取ることができ、しかも毎年２～３週間の休みを取れることがわかっていれば、心のゆとりが生まれる。したがって、ドイツ人の間にはふだんの娯楽にお金をかける人、消費で心の隙間を満たそうとしている人は比較的少ない。2〜3週間の旅行にはお金もかかるので、ふだんは多額の出費を抑える必要もある。

つまり、我々日本人はまとまった休みを取れないこと、労働時間が長いことによって溜まるストレスを、パーッとお金を使うことで発散しているのではないだろうか。

ドイツ人はお金をかけない娯楽が好き

これに対してドイツ人の娯楽は、日本人とはずいぶん異なる。彼らが余暇に最も重視しているのは都会でのショッピングではなく、海辺や山で自然を満喫すること、そして家族と一緒の時間を楽しむことだ。ドイツの公的健康保険運営組織ＤＡＫが２０１８年に行ったアンケートによると、「休暇の最大の魅力は、太陽の光と自然」と答えた人が最も多かった。

アルプス山脈の北側に位置するドイツでは、天気が良い日は少なく、晴天が多い時期は5月から9月までと比較的短い。1年間のうち、ほぼ半分は曇りや雨の肌寒い天気である。つまり屋外での活動を楽しみやすい時期が、限られているのだ。

（図表11）ドイツ人は休暇に何を求めるか

設問「今年の休暇で何がよかったですか」の回答

太陽の光と自然	78%
家族と過ごす時間	67%
普段住んでいる場所とは違う場所に行けたこと	66%
自分のための時間	65%
仕事のストレスがないこと	59%
スポーツや運動	48%
携帯電話とインターネットがない暮らし	26%

2018年の長期休暇に関するアンケート
資料＝DAK

ドイツの毎年の平均日照時間は約1500時間。南仏マルセイユ（2858時間）やポルトガルのリスボン（2799時間）などに比べるとはるかに短い。このためドイツ人たちは、晴れの日が多い季節にはなるべく外に出て、太陽の光を浴びようとする。

サイクリング天国・ドイツ

この国で最も人気のある余暇の過ごし方の一つは、サイクリングだ。自転車を買ってしまえば、あとはそれほど費用がかからない趣味だ。

ミュンヘンを流れるイザール川沿いのサイクリングコースは、市民の間で非常に人気がある。このコースは鬱蒼とした樹木に覆われている。木漏れ日を浴びながら川に沿った道を南下する。自転車をこぎ疲れたら、川に飛び込んで水浴びをしたり、河原にタオルやシートを敷いて日光浴をしたりする。一日中ここに寝転んで本を読んでいれば、お金はほとんどかからない。さらに足を延ばせば、ミュンヘン郊外の教会や修道院の敷地内にあるビアガルテン（ビアガーデン）で、太陽の光を浴びながらビールを飲める。地平線のはるか彼方のアルプス山脈を見ながら飲む生ビールの味は、格別だ。

列車に自転車を積んでさらに田園地帯へ行けば、アルプス山脈の麓の湖で泳ぐこともできる。ミュンヘンから列車で1時間もかからない。ドイツ人は衛生に気を遣うので、地方自治体は湖や川の水質を厳しく監視している。汚染者に対する罰則も厳しい。このためバイエルン州の湖は、驚くほど透明であり、浅瀬では小魚が泳いでいるのが見えるほどだ。私は日本では湖で泳いだことが一度もなかったが、この国では湖で泳ぐのは日常茶飯事である。これらの湖にはアルプス山脈の雪解け水が流れ込んでいるので、水温は夏でも低く爽快である。ドイツの湖で泳ぐと、美しい自然を守ることがいかに大切であるかが、理屈ではなく皮膚感覚で理解できる。

大自然の懐に抱かれて泳ぎ、草地に寝転んで日光浴をしていればほとんどお金はかからない。私も1990年にミュンヘンに住み始めた直後には、収入が少なかったこともあり、

ドイツの州と主な都市

デンマーク
スウェーデン
北海
シュレスヴィヒ=
ホルシュタイン州
メクレンブルク=
フォアポンメルン州
ハンブルク
ブレーメン州
ハンブルク州
ブレーメン
ポーランド
ニーダーザクセン州
ベルリン州
ベルリン
ポツダム
オランダ
ザクセン=
アンハルト州
ブランデンブルク州
ノルトライン=
ヴェストファーレン州
デュッセルドルフ
ライン川
ザクセン州
ボン
テューリンゲン州
ベルギー
ヘッセン州
ラインラント=
プファルツ州
フランクフルト
マインツ
ルクセンブルク
チェコ
ザールラント州
バーデン=
ヴュルテンベルク州
バイエルン州
シュトゥットガルト
ドナウ川
フランス
ミュンヘン
オーストリア
スイス

夏になっても飛行機などによる旅行はせずに、自転車で「市内・近郊バカンス」ばかり楽しんでいた。別に遠出をしなくても、充実した余暇を過ごすことができた。

ドイツへ旅行や出張をした経験のある読者は、この国で自転車が目立つことに気づかれたと思う。

その理由の一つは、自転車向けインフラが整っていることだ。ドイツでは、サイクリストのための自転車専用レーンが日本よりも整備されているので、走りやすい。歩道の一部に白い線が引かれて自転車専用レーンが作られているだけではなく、車道と歩道の間に自転車専用レーンが作られている場合も多い。

自転車道と車道、歩道の区別は、日本以上に厳格だ。市民が間違って自転車専用レーンを歩いていると、サイクリストから「ここは歩道ではない！」と怒鳴られることもある。日本では自転車専用レーンが少ないので自転車が歩道を走る風景が日常化しているが、ドイツでこれをやると通行人から白い目で見られる。この国の歩道を自転車で走るのは交通規則違反だ。時々警察官が歩道を走るサイクリストを止めて、罰金の支払いを命じているのを見かける。

自転車で小旅行をする人のためのサイクリング用地図や、サイクリスト用のナビゲーション・アプリも売られている。１週間かけてミュンヘンからウィーンへ自転車で旅行したり、自転車でアルプス山脈を越えてイタリアのヴェローナまで走った猛者もいる。途中のホテル代などはかかるが、飛行機や列車などの交通費は節約できる。

ちなみにドイツでは、毎日自転車で会社に通勤する人も少なくない。早朝、そして夕方の町は、自転車で通勤・帰宅する人であふれる。私は毎朝5時に起きるのだが、窓から外を見ると、夜明け前の暗がりの中に、自転車で職場へ向かっている人の前照灯が見える。

私の知り合いは、ミュンヘンの北西約20キロの所にあるダッハウという町に住んでいる。彼は自宅とミュンヘン市内の職場の間を、毎日自転車で往復している。気温が零度以下になる真冬でも、雪がたくさん積もっている時や道路の表面が氷で覆われてスケートリンクのようになっている時以外は、自転車で通勤する。電車代や自動車のガソリン代を節約できるだけではなく、身体を鍛えることにもなるので一石二鳥だ。

自転車通勤は「クール」

連邦制をとっているドイツでは地方分権が進んでおり、16の州政府に大きな権限が与えられている。首都ベルリンに機能が集中していないため、大企業はベルリンに本社を置く必要がなく、日本やフランスのような一極集中化現象が起きていない。このため首都ベルリンでも人口は約360万人。2位のハンブルクは約180万人、3位のミュンヘンは約150万人である。いずれも東京都の人口（2018年7月の時点で約1400万人）の足元にも及ばない。このため、大都市でも日本のような過密現象は起きておらず、都市の規模が比較的小さいので、自転車による通勤が可能なのである。

最近では、電動モーターを組み込んで、体力が弱い人でも上り坂を簡単に上れる電動自転車や、街角に設けられた駐輪場で自転車をピックアップして、使用後に乗り捨てる「自転車シェアリング」も爆発的に普及しているので、今後ドイツでは自転車を利用する人がさらに増えると予想される。

また、ドイツには環境意識が高い人が他国に比べて多い。彼らにとって、排ガスで空気を汚染しない自転車で会社に通勤することは、「クールな（かっこいい）」生き方である。ドイツのある大手企業の社長は、運転手付きの社用車ではなく自転車で毎日自宅から本社に通っていた。毎年数億円の年収があっても、自転車で通勤する。ドイツ人らしい、環境に負荷をかけないことを良しとするシンプルなライフスタイルである。

ドイツ人にとって、夏に戸外でビールを飲むのはこの上ない楽しみだ。

ドイツの大半の都市には広大な公園があり、週末には多くの市民の憩いの場となっている。

豊かな緑の中で散歩やジョギング

自転車に乗らない人にとっては、公園でのジョギングや散歩、ハイキングが重要な余暇の過ごし方である。ドイツにはどの町にも大きな公園があり、地方自治体が多大な費用をかけて整備している。

私が住むミュンヘンには、英国庭園（広さ375ヘクタール）、ニンフェンブルク宮殿庭園（229ヘクタール）、オリンピック公園（85ヘクタール）、西部公園（69ヘクタール）、ルイトポルト公園（33ヘクタール）、鹿の庭園（28ヘクタール）など多数の公園、緑地帯、森林がある。週末には、緑の中でジョギングする若者や、2本のポールを持って歩くノルディック・ウォーキングを楽しむ中高年層、車椅子で公園を散策するお年寄りの姿が目立つ。

私も2001年以来、健康管理のために週末や休日の公園でのジョギングを欠かしたことがない。日本でジョギングをする時には、歩道を我が物顔で走る自転車に気をつけないといけないが、私が定期的に走るニンフェンブルク宮殿の公園では、車だけでなく自転車の通行も禁止されているので、ジョガーにとってはとても走りやすい。

ドイツ人は週末に森の中を歩くのが大好きである。深い森にはリス、ハリネズミ、ウサギ、フクロウ、水鳥など野生動物がたくさん住んでおり、歩く人々の目を楽しませる。時々、鹿の親子が道に飛び出してきて、一瞬驚いたような顔をして私を見つめるが、すぐに猛スピードで森の中に消えていく。

深い森の中を歩いていると、平日の仕事や人間関係のために心の中に沈殿したストレスがみるみるうちに洗い落とされていくのを感じる。

最近、地球温暖化の影響か、ドイツでも7〜8月の暑さが以前に比べて厳しくなっているが、散歩道では樹木が日陰を作っているので、真夏でもひんやりとしており快適だ。春にはツグミなどの小鳥のさえずりを聞きながら、秋には足の下で粉々になる落ち葉の香りを嗅ぎながら、冬には雪を踏みしめながら歩く。お金は一銭もかけずに、世俗を忘れて自然の懐に抱かれながら、気分転換をする。ドイツ人の生活の中で散歩は重要な位置を占めている。

ドイツの冬の遊び、アイスシュトックシーセン。カーリングに似た遊び。

ウィンタースポーツも盛ん

アルプス山脈に近いドイツ南部では、ハイキングや登山も重要な娯楽だ。

ある中年の登山グループは毎年１回、オーストリア国境に近いキーファースフェルデンという町に住むメンバーの家に朝８時に集合して、みんなで朝食をとる。その後、車で山の麓まで走り、ハイキングを行う。全員が50歳を過ぎ、人生の後半戦に入っている。山道を歩きながら、１年間に家庭や職場で起こったこと、政治に対する不満などを語り合う。

スポーツは、ドイツ人の冬の娯楽の中でも

重要な位置を占めている。ミュンヘンから車で数時間走ればアルプス山系のスキー場に行くことができる。オーストリアやスイスも目と鼻の先だ。彼らの中には4歳くらいからスキーを覚える人が多いので、達人が多い。

また、公園や水路が凍った時には、スケートやアイススシュトックシーセンを楽しむ人が多い。アイスシュトックシーセンはカーリングに似た競技で、円錐形のアイスシュトックを氷の上で滑らせて、ゴール地点に置いた木材に当てる（カーリングのように投げた物体の前をブラシで掃くことは許されない）。ボウリングにも似ているが、足元が滑りやすい上にアイスシュトックが重いので、なかなか難しい。氷の上に立っていると、足先が冷たくなる。このため人々は魔法瓶に入れて持参したホットワインで身体を温めながら、遊びに興じる。競技が終わった後は、みんなで近くの居酒屋へ行き、ビールやワインを飲み、郷土料理に舌鼓《したつづみ》を打つ。

お金をかけずに快適な旅行ができる

私は毎年1回日本を訪れて、東京以外の場所にも旅行する。温泉旅館やホテルの食事やサービスは素晴らしい。ある時、鹿児島県の山奥のホテルに泊まったが、部屋は全て一戸建ての離れになっており、それぞれの離れの庭には、源泉からの熱い湯が一日中流れている露天風呂があった。周囲は鬱蒼とした森で、庭に野ウサギがいた。大自然の中で入る温泉は格別である。欧州では味わえない快適さだ。

しかし、快適な旅館に泊まろうとすると、値段はかなり高い。このため1週間も泊まる気にはならない。値段が高くて1泊か2泊くらいしか滞在できないので、あわただしい旅行になってしまう。２０１７年に欧州と同じ感覚で、沖縄の離れ島のホテルに5泊したら、勘定書きがびっくりするような金額になってしまった。

もちろん、欧州にも1泊５００ユーロ（6万５０００円）を超える高級ホテルはたくさんある。しかし欧州では、日本ほどお金をかけなくても快適な旅行をすることが可能だ。

特にドイツ、オーストリアでは、安いホテルでも清潔で快適である。田園地帯の民宿のような小さなホテル（ガルニと呼ばれる）を利用すれば、1泊朝食付き１００ユーロ（1万３０００円）以下で泊まれる。ヨーロッパをあちこち旅行してわかったことだが、ホテルやレストランの清潔さは、ドイツ語圏の特徴である。イタリアやフランス、スペインなどラテン語圏の安いホテルでは、ドイツの安ホテルほど清潔ではないことがある。特に浴室やトイレにそのことがはっきり表れる。フランスやイタリアに長く駐在している日本のビジネスマンの中には、「ドイツに来るとホテルやレストランのトイレが清潔なのでホッとする」という人がいる。全く同感である。

もちろん、日本にも割安の旅館やホテルはある。私の好きな東北地方のある温泉旅館はその一つで、素晴らしい露天風呂がある。しかし、トイレが共同なので西洋風のホテルに慣れた人は敬遠するかもしれない。

旅行では1ヶ所に長期滞在が主流

前述したように、ほとんどのドイツ人は海外旅行をする際に多くの都市を回るのではなく、1ヶ所に長期滞在してゆっくり休むというバカンスを好む。大半のドイツ人は海辺やプールサイドに一日中寝転んで、日光浴をする。時々読書をしたり、泳いだりする以外には、何もしない。日本人のように休む間もなく遺跡や美術館を巡るようなことはせず、休養に重きを置く。

これも前章でお伝えしたように、ドイツのサラリーマンは毎年6週間の有給休暇を完全に消化することができ、2～3週間のまとまった休暇を取るのは常識になっている。このため旅行会社が提供するパック旅行の単位は、最低1週間である。日本のように2泊3日のパックツアーなどあり得ない。１週間以上休まないと会社のことを忘れて気分転換することができないと考える人が多いからだ。

しかもこれらのパック旅行の値段は、会社間の激烈な競争のために非常に安くなっている。

たとえば、ある会社のパック旅行のリストを見ると、ギリシャのロードス島のホテルに滞在するパック旅行で、ドイツからの往復の航空運賃と６泊７日のホテル料金（朝食と夕食付き）の値段は１人あたり３５０ユーロ（４万５５００円）しかかからない。１泊あたり２食付きで約７６００円である。私は１９９０年代にこうしたパック旅行を使って数回ギリシャに行ったことがあるが、２週間の滞在はリーズナブルで快適だった。

パック旅行といっても常に団体で行動するわけではなく、飛行機で現地に着いた後は、全員別々に行動する。個人主義を重視するドイツ人にとっては、重要な点だ。ドイツ人はリラックスするための旅行では、団体旅行を避ける傾向が強い。

ラスト・ミニット（最後の１分間）というパック旅行はさらに安い。たとえばある会社が売っているラスト・ミニットのパック旅行は、ギリシャのコルフ島への往復航空運賃と６泊７日のホテル料金（宿泊のみ）を合わせた値段が、なんと１人あたり90ユーロ

（1万1700円）だった。1泊1950円だから豪華なホテルではないが、ギリシャの太陽と海岸を楽しむだけならば、これでも十分だ。懐具合が寂しい時でも、この値段なら2～3週間滞在して身体を休めることができるだろう。

ラスト・ミニットは、キャンセルされたり、売れ残ったりしたパック旅行を旅行会社が売るものなので、破格の安さなのだ。お金をかけずに旅行をしたい人に、喜ばれている。

またドイツ人の間では、ホテル代を倹約するために旅行先で知り合いの家に泊めてもらうという人が多い。日本では考えにくいが、ドイツでは頻繁に行われている。この国は日本よりも住宅事情がいいので、「客が訪ねてきた時のための寝室」を持っている家庭が多い。したがって、彼らはダメもとで「泊まってもいいかな？」と電話で尋ねてみるのだ。日本に比べると「旅人を泊める」ことに慣れているようだ。ドイツ人のアパートは驚くほど清潔であることが多いので、泊まる側としても快適である。我々日本人に比べて物をあまり買わないからか、ゴチャゴチャしていないのだ。ここにも彼らの物欲の低さが表れている。

私自身、1990年にベルリン取材に行った時には、友人、知人の家に何度も泊まらせてもらった。また、逆に、ドイツ人の友人を何度か自宅に泊まらせたこともある。

ドイツ人の旅費倹約法

国境を越えた高速道路網が発達しているヨーロッパでは、最も割安な長距離旅行手段は自動車である。たとえば、私が住んでいるミュンヘンからイタリアの国境までは、わずか3時間で行ける。空港での安全検査や荷物のチェックインもないので、楽である。特に4人家族で荷物が多い場合には、車の旅行が飛行機や列車に比べて安く、快適である。

あるドイツ人はイタリアへ車で旅行するたびに、大量のワインやパスタ、オリーブ油、スイカなどを買い込み、車に積んで帰ってくる。これは、飛行機や列車の旅では不可能だ。もちろん、ドイツでもイタリアのパスタは売られているが、種類が限られている。本場イタリアへ行くと、外国では買えない様々な種類のパスタが売られているのだ。形状もいろいろで、歯ごたえがいい。イタリアで売られているオリーブ油は、ドイツで売られているものよりも香りが濃厚だ。また、スイカもイタリア南部で売られているものの方が、ドイツの青果店で買うよりも美味しい。

旅行のための費用を節約する上でドイツ人が活用するのが、キャンピングカーである。こうした車にはキッチン、冷蔵庫、テレビ、トイレなども付いており、内部はかなりゆったりしている。ヨーロッパの多くの観光地や大都市の近くにはキャンピング場がある。夜はキャンピング場に車を駐めれば、シャワーを浴びたり、飲み水を補給したり、肉や野菜を炭火で焼いてバーベキューを楽しんだりすることができる。車の燃料代はかかるが、飛行機代や列車代、ホテル代を節約できるのが利点だ。私の知人の中にはキャンピングカーで1ヶ月にわたってイタリアの様々な都市を回ったり、3ヶ月かけてドイツからロシアのボルゴグラードまで旅をした人がいる。

日本より進んでいるカーシェアリング

これは日本でも同じだが、ドイツの大都市の住民の間では、お金がかかるので車は持たないという人も増えている。

彼らは車でドイツ国内、または周辺の国々へ旅行する時だけ、レンタカーを借りる。さらに、最近ではデジタル化が進んでいるために、車を持たずに必要な時だけ分刻みで車を借りるカーシェアリングが急速に普及してきている。

ドイツ・カーシェアリング連合会によると、2017年1月の時点でカーシェアリング企業に登録していた市民の数は、約172万人。前年比で36%も増加した。ドイツの約600ヶ所で、1万7200台の車がカーシェアリングに使用されている。2019年には、登録者の数が３００万人に達するという予測もある。日本でもカーシェアリングは都市部を中心に登録者数が増えているが、それでも２０１８年３月段階で１３０万人程度だ（交通エコロジー・モビリティ財団発表）。

ドイツ人はもともと他人と車をシェアすることに慣れている。この国には、30年以上前から「同乗センター（ミットファーツェントラーレ）」という制度がある。たとえば、ベルリンからミュンヘンに行きたい人は、同乗センターに問い合わせて料金を払えば、その日に同じ区間を走る人の車に乗せてもらうことができる。１９８０年代頃までは高速道路の入り口に立って、他の町までヒッチハイクする人も多かった。このため、他人と車をシェアすることへの抵抗感も低い。

カーシェアリングには、車を好きな所に乗り捨てられる「フリー・フローティング（FF）」型と、借りた場所に戻さなくてはならない「ステーション・ベース（SB）」型がある。ドイツで圧倒的に人気があるのはFF型で、登録者数は２０１７年１月までの１年間に51・８％も増えた。駐車場などに戻さなくていいのは、やはり気楽である。

BMWが２０１１年に始めたドライブ・ナウというサービスはその典型だ。利用者は入会費29ユーロ（３７７０円）を払って登録し、アプリをスマートフォンにダウンロード。

このアプリを使って、近くの路上に駐車されているＢＭＷの空車を探す。スマートフォンを車にかざせば、ドアのロックが解除される。

利用者がその車で目的地まで行き、市内で乗り捨てる場合の料金は、１分あたり最低25セント（33円）。この中には燃料代も含まれている。通常、ドイツの大都市のほとんどの地域では路上駐車の際に、料金を払わなくてはならないが、ミュンヘンではＢＭＷと市当局が提携しているので、ドライブ・ナウを使う客は、車を乗り捨てる時に、駐車料金を払う必要はない。レンタカーの使用は１日単位であることが多いが、カーシェアリングは分刻みなので費用はレンタカーよりも少なくて済むことが多い。

ある日、夕刻の帰宅ラッシュの時間帯にミュンヘン市内と郊外を結ぶ電車が信号故障のために不通になった。私の知人Ｓさんの長男は、郊外の学校に通っていたが、このトラブルのために学校から家に帰れなくなった。Ｓさんは子どもを学校まで迎えに行かなくてはならない。すでにドライブ・ナウに登録していたＳさんは、会社の近くの路上で空車を見つけて、無事に長男を迎えに行くことができた。そのためにかかった費用は20ユーロ（２６００円）程度だった。タクシーやレンタカーよりもはるかに安い。

確かに車を持っていても、一日中乗ることはめったにない。ほとんどの時間帯、車はガレージで鎮座しているだけであり、無駄といえば無駄である。その意味で、モビリティ（移動手段）が必要な時だけお金を払って車を使うカーシェアリングは、費用対効果を常に考えるドイツ人の生き方にマッチしており、今後も利用者の数は増えていくだろう。

自宅のベランダでもバカンス気分

究極の「ケチケチ休暇」は、旅行せずに自宅で過ごすことだ。朝は目覚まし時計をかけずに、毎日7〜8時間ぐっすり眠る。昼にはベランダに長椅子とビーチパラソルを置き、水着姿で本や雑誌を読みながら太陽の光で肌を焼く。ベランダに小さなテーブルを出して食事をしたり、ビールを飲んだりすれば、ちょっとしたリゾート気分。時々自転車に乗ったり、近くの湖へ泳ぎに行ったりするが、夜は自宅に戻る。

自宅で休暇を過ごせば、空港でのチェックインや安全検査のために待たされたり、レンタカーで見知らぬ土地を走って道に迷ったりするストレスはない。私の知り合い、特に年配の知人の中にはこうした休暇を過ごす人がいる。

ドイツでは近年、「自宅バカンス」を楽しみやすい日が増えている。ここ数年地球温暖化の影響か、夏に晴天が続き、気温が過去に比べて高くなることも大きいようだ。

たとえば2018年の8月には、ミュンヘンで気温が30度を超える日が1週間近く続いた。1990年代には、気温が30度を超える日は8月でもせいぜい数日というのが普通だった。

だが、2018年8月には屋外へ出ると身体が熱気に包まれ、まるで南イタリアのシチリアにいるような気がした。ドイツでは珍しく夜になっても気温が下がらないので、寝苦しい日もあった。ドイツのアパートには日本のように壁に穴を開けて設置するエアコンがほとんどない。私の自宅では扇風機と、移動式の冷房機（機械の前にいると冷風が来るが、部屋全体が涼しくなることはない）をフル稼働させた。

私の知人は、「今までこんな夏はドイツで一度も経験したことがない。これならば太陽の光を求めてわざわざ南ヨーロッパへ旅行する必要はないね」と語っていた。ドイツ気象庁によると、2018年の4～8月の降雨量は、この国で1881年に気象観測が始まって以来最も少なかった。8月の平均気温は、2003年に次いで観測史上で2番目に高かった。屋外で過ごすには、もってこいの気候である。これからは、お金を節約するために自宅バカンスを楽しむ人が増えるかもしれない。

また休暇中に、自宅の修理や模様替えをする人も少なくない。材料を買ってきて庭に東屋や池を造ったり、居間の照明設備を新しくしたり、浴室にタイルを張ったりするなどして、休暇を「自分の家族のための労働」に費やすのだ。

ドイツには19世紀末から20世紀初頭に建てられたアパートが数多く残っている。こうした歴史的建築物は天井が高く、新築のアパートに比べるとゆったりとした造りなので人気がある。老朽化したアパートの部屋を安く買い取り、修繕して付加価値を高めて自分で住んだり、他人に売ったりするドイツ人も少なくない。

ドイツ人はどんぶり勘定が嫌い？

ドイツ人は費用の節約に余念がない人々だ。生活のあらゆる局面で、効率性を重視している。同じ物を他人より少しでも安く買うことができれば、強い快感を抱く。ドイツでは、彼らの節約志向、堅実さを示す現象が至るところで見られる。

日本人は大人数でレストランに行った時、勘定を人数で均等に割ることが多い。いわゆるどんぶり勘定（もしくは人数割り）だ。ドイツ人はこれが大嫌いだ。他の友人が自分よりも高いものを頼んだ場合や、他人が自分よりも多く酒を飲んだ場合などには、自分が損をするからだ。

ウエイターもこうした事情を理解している。客が「お勘定をお願いします」と言うと、ウエイターは「勘定はまとめて（ツザメン＝zusammen）ですか、それとも1人1人別々（ゲトレント＝getrennt）ですか」と聞いてくる。ドイツでは、たいてい「別々」になる。この場合ウエイターは客に1人1人飲み食いしたものを尋ねて、勘定を請求する。手間はかかるが、「自分は払いすぎた」と不満を持つことはない。クリーンで分かりやすい精算法である。

消費税（付加価値税）19％でも生活していける理由

ドイツでは生活に最低限必要な食料品が、日本よりも安い。その最大の理由はスーパーマーケット間の激烈な価格競争にある。安売りスーパーは、ドイツの消費者、特に低所得層の強力な味方だ。

ドイツには、「アルディ」「リドル」「ネット」「ペニー」「エデカ」「ノルマ」「トレッフ3000」「ディスカ」「ニードリヒプライス」など10社を超えるディスカウント・スーパーマーケットがある。これらのスーパーマーケットが激しい競争を行っているために、牛乳、バター、ヨーグルト、パンなど日常生活に必要な食料品の値段が西欧で最も安くなっている。特に乳製品の値段は安い。酪農を行っている農民が「こんなに値段が安くては、生きていけない」と時折抗議デモを行うほどだ。

たとえばディスカウント・スーパーマーケットの代表であるアルディは、２０１８年5月に1リットルの牛乳の値段を78セント（１０１円）から69セント（90円）に引き下げた。日本のスーパーで1リットルの牛乳を買うと２００円以上することがある。日本に比べてドイツの乳製品がいかに安いかが理解いただけるだろう。

アルディは特定の生産者と契約をして、アルディ・ブランドの商品を多く販売している。日本で言うＰＢ（プライベート・ブランド）商品だ。オレンジジュースやチョコレートのほか、ワインもある。この種の商品は特に値段が安い。このため、アルディは常に多くの客で混雑しており、朝8時の開店前には多くの買い物客が店の前に列をなして待っているほどだ。

ドイツでは、ワインやビールなどのアルコール飲料の値段も日本に比べると安い。フランスやイタリアのワインでも、10ユーロ（１３００円）未満のものが店にずらりと並んでいる。10ユーロを超えるワインは敬遠する人が多いからだ。ワイン通のドイツ人は、ワインの専門店の店主と仲良くなって、イタリアやフランスから良いワインが入荷した時にこっそり教えてもらい、安くまとめ買いをする。そうしたワインはたいてい10ユーロ未満だ。ビールもスーパーマーケットで買えば1本(330ミリリットルの瓶)95セント(124円)で買える。日本では350ミリリットルの缶ビールの価格が、たいていの店で200円を超えており、ドイツよりも割高だ。

前述のように、ドイツでは商品には日本の消費税に相当する付加価値税がかけられている。その税率は19%であり、日本をはるかに上回る。ただしドイツ政府は、牛乳やバター、パンなどの生活必需品については、付加価値税を7%と大幅に低くしている。贅沢品ほど付加価値税が高くなる傾向がある。たとえば小海老の付加価値税は7%だが、贅沢品とみられている伊勢海老の付加価値税は19%である。

その理由は、所得が低い人ほど付加価値税の負担が重くのしかかるからだ。日本でも消費税率を10%にするにあたって、軽減税率の導入をはかろうとしているが、ドイツ政府は、以前から低所得者に対して配慮しているのだ。

「蚤《のみ》の市」が大人気。自動車まで売っている

日本でもセカンドハンド・ショップ、いわゆる中古ショップが増えているが、ドイツに

は他の欧州諸国同様に「蚤の市」の長い伝統がある。広場に要らなくなった衣類や家具を持ち寄って、売り買いする。ドイツ人は、他人が一度使った物を再利用することについてのためらいが、日本人よりも少ない。このため、蚤の市の頻度や人気は日本を上回る。

たとえば、ミュンヘン市東部のリームの広場では、毎週土曜日の午前６時から午後４時まで蚤の市が開かれ、数千人の市民が車で乗りつけて、不用品を売買している。売り上げの大半は、バイエルン州の慈善団体に寄付されて社会福祉事業に使われる。リーム以外でもミュンヘン市内の13ヶ所で蚤の市が開かれている。

また、ドイツの町では時々、同じ通りに住んでいる人たちがお祭りを開催することがある。この時には路上にテーブルを出してビールを飲むだけではなく、蚤の市や不用品交換会もしばしば行われる。

自動車についても、週末になると人々が売りたい車を持ってきて展示する通りがある。こういう所で、車を見ながら持ち主とじかに交渉すれば、中古車ディーラーで買うよりも安く車を買うことができる。特に東欧ではドイツの車は人気があるので、東欧からのディーラーがこうした車の蚤の市に集まって、車を買っていく。もちろん、インターネットを使った不用品の売買も盛んだが、ドイツではインターネットが普及する前から、長年にわたたって蚤の市や路上での自動車販売が行われており、生活コストの節約に一役買ってきた。

支出を節約するための情報集め

携帯電話、インターネットのプロバイダー、自動車保険、電力会社などについても、インターネットの比較サイトで値段を比較し、割安の会社に乗り換える人が多い。消費者は価格比較サイトで気に入った会社を見つけたら、そのサイト上で加入を申し込むことができる。デジタル化はケチケチ生活の大きな味方だ。

このように、ドイツ人たちが1年あたりの可処分所得が約290万円でも生活できる裏には、支出を節約するための情報集めや、細かい工夫も一役買っているのだ。

第5章

世界最大のリサイクル国家・ドイツ

⇩使い回し、分かち合い「お金に振り回されず」に生きる

ドイツ人が新しい物に飛びつかない理由

我々日本人は、新しい物、流行の先端を行く商品が好きである。ドイツに比べると、日本では新製品に関するコマーシャル、電車内の車内広告などが頻繁に行われる。そうしないと消費者に飽きられてしまうからだ。スマホや車だけでなく、菓子、ビールなどの食品、アルコール飲料に至るまで、絶えずモデルチェンジや増量など新しい工夫が付け加えられ、そのことが大きく宣伝される。

自由時間が少ない不満から生じる心の隙間を消費によって満たしていると、新しい製品が出るたびに物欲を刺激されて衝動買いをしてしまう。すると自宅が物で溢れてしまう。古い製品を使っているのを同僚や友人に見られると何となく恥ずかしいので、まだ使えるのにお払い箱にすることも多い。物で溢れる自宅を片付けるために古い物をどんどん捨てなければならず、ゴミの量も増えていく。

ドイツ人は時間のゆとりがあることもあり、消費意欲が日本人に比べると低い。新しい製品が出ても、すぐには飛びつかない。むしろ、古い物でも大事に使ったり、中古品を買って使うことに慣れている。さらにドイツ人の中には環境保護に関心を持っている人が多い。

このためドイツは世界で有数のリサイクル国家となっている。

ドイツの町を歩くと、しばしば歩道沿いに大きな金属の箱が並べられているのを見かける。ガラス瓶やプラスチックゴミをリサイクルするための回収箱だ。箱は「透明なガラス」「緑色のガラス」「茶色のガラス」「プラスチック」「金属」などと分類されており、市民がワインや食用油の瓶、シャンプーや洗剤のプラスチック容器などを次々に持って来て、箱の中に投げ込んでいる。騒音を避けるために日曜日や夜間、早朝の投棄は禁止されているが、この時間帯を除けばいつでもリサイクルゴミを捨てることができる。

法律でリサイクルを義務付け

ドイツは１９９６年に「循環型経済法」を施行させたリサイクル先進国の一つである。焼却などによって廃棄される資源を極力減らすために、企業にゴミの回収と再利用を義務付け、企業と消費者に対し回収費用の負担を義務付けた。ガラスやプラスチックを分別するための箱は、この法律が施行されてからドイツ全国に置かれるようになった。

街角に置かれている箱にガラス瓶を捨てても、お金は返ってこない。だが、ドイツにはこのほかに、市民がリサイクルの手助けをするとお金を節約できる仕組みもある。

ドイツで売られているミネラルウォーターなどの清涼飲料水、ガラスの瓶詰ヨーグルト、ビールなどの価格には、ガラス瓶やペットボトルの貸出料金が含まれている。スーパーなどの値札には、貸出料金が表示されている。

市民が瓶をスーパーマーケットの回収機に入れると、返した瓶の料金を書いたレシートが出てくる。このレシートをレジで提出すれば、買った物の金額から、返却した瓶の料金が差し引かれる。つまり、瓶を返せばその分、買い物にかかるコストが低くなるのだ。これは「瓶をゴミ箱に捨てずに返そう」という強力なインセンティブになる。

たとえば、あるミネラルウォーターの値段は94セント（122円）だが、この中には15セント（19・5円）のペットボトルの貸出料金が含まれている。このペットボトルをスーパーで返せば、15セントが戻って来るのだ。

私が小学生だった頃、酒屋にビール瓶や日本酒の瓶を返すと瓶の貸し出し代が返ってきたのを思い出す。日本でもリサイクルすればお金が貯まる、もしくはお金が節約できるという制度を再び導入すれば、ペットボトルなどの回収率は今よりも高まると思う。

（図表12）主要国の地方自治体廃棄物のリサイクル率比較
（コンポスト＝有機ゴミの埋設処分も含む）

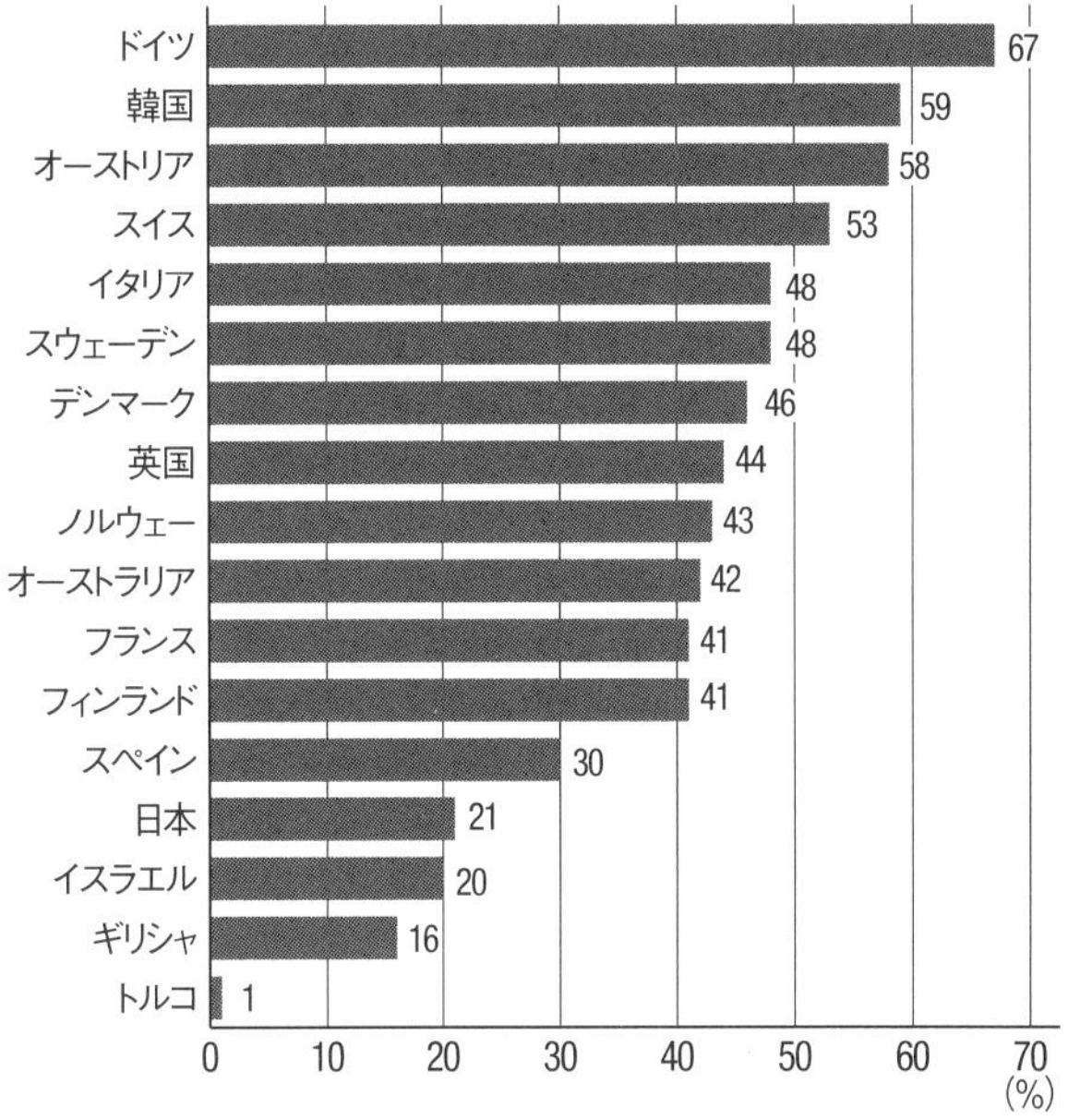

大半の国の数字は2016年だが、日本など一部の国は2015年
資料＝OECD

ドイツのリサイクル率は世界一

ニューヨーク・タイムズ紙はドイツを「世界一のリサイクル国」と呼んだことがある。

経済開発協力機構（ＯＥＣＤ）は家庭などから出るゴミを地方自治体廃棄物と呼ぶ。ＯＥＣＤの統計によると、ドイツは２０１６年の地方自治体廃棄物のリサイクル率が67％と世界最高だった。日本の21％（２０１５年。公開されている最新の数字）に大きく水をあけている。

私はこの表で日本のリサイクル率が低いのを見て意外に思った。日本の多くの地方自治体では、ゴミの分別が厳しく行われているからだ。
たとえば私は毎年1回日本に帰ると、東京・三鷹市に滞在する。ここでは地区ごと、曜日ごとに捨てられるゴミの種類が厳しく定められている。三鷹市のある地区の収集日程は次の通りだ。

月曜日　古紙・古着
火曜日　燃やせるごみ
水曜日　第1・第3　ペットボトル
　　　　第2・第4　空き瓶・缶、燃やせないごみ
木曜日　有害ごみ、プラスチック類
金曜日　燃やせるごみ

このほか、家具などの粗大ゴミについてはネットで予約した上で、手数料を払って回収してもらわなくてはならない。同市のウェブサイトには、どのゴミが「燃やせるごみ」「燃

（図表13） 各国のゴミ焼却率比較

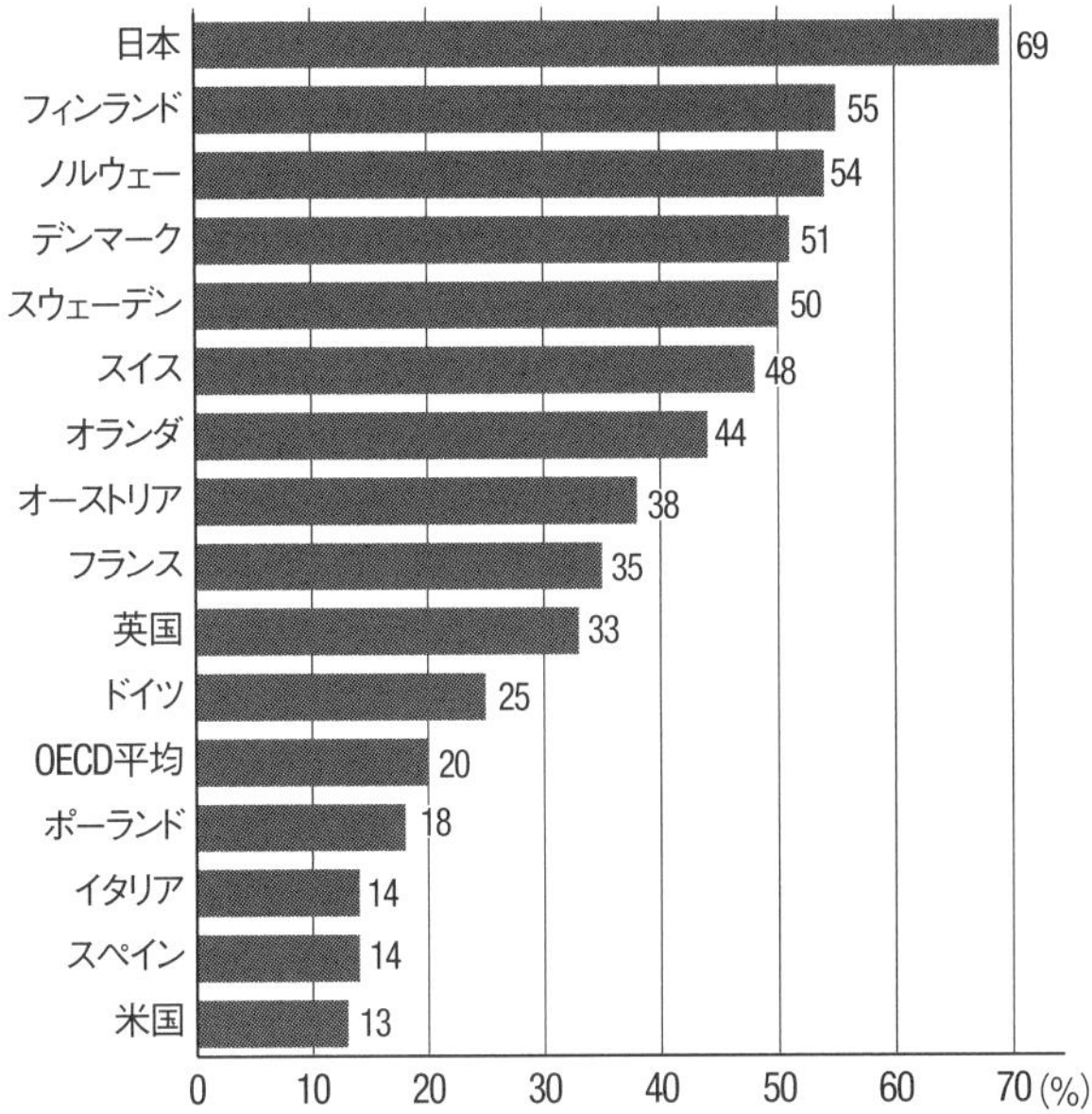

資料＝OECD（2016年の数字）

やせないごみ」「有害ごみ」に属するかが細かく表示されている。

このゴミの出し方を守らないと、清掃局が回収を拒否することがある。したがって、大半の市民はルールを守ってゴミを出している。ドイツとは比べものにならないほど厳しい規則である。

また、スーパーマーケットの中にも、ペットボトルやそのキャップ、発泡スチロールの容器や牛乳の紙の容器などを回収している店がある。

市民がこれだけ手間をかけてゴミを分別し、規則を守って捨てているのに、ＯＥＣＤの統計では日本がリサイクル率が低い劣等生と見なされている理由がわからなかった。私と同じ感想を持つ読者も多いのではないか。

ＯＥＣＤが日本のリサイクル率は低いと見ている最大の理由は、回収されたゴミのうち焼却処分にされるものの比率が世界で一番高いからだ。

２０１６年の日本のゴミのうち、焼却されたものの比率は69％。ドイツ（25％）や米国（13％）を大きく上回っている。日本は平地の面積が少なく、ゴミの処分場が少ないなどの事情があるとはいえ、この焼却率の高さには驚く。ゴミ焼却は地球温暖化の原因となる二酸化炭素の増加にもつながるので、こうした処分方法を減らすに越したことはない。

世界でも深刻なフードロス問題

私は毎年1回は「ドイツからのおのぼりさん」として日本に行くのだが、デパートやスーパーマーケットの食品売り場に行くたびに圧倒される。食べ物の量がドイツとは比較にならないほど多く、種類も多彩なのだ。

特に、惣菜などすぐに食べられる食品の豊富さには驚かされる。鰻《うなぎ》の蒲焼き、寿司、刺し身盛り合わせ、焼き鳥、サラダ、スープ、焼き餃子、点心などの中華料理から、プリンやケーキの数々……。うわー美味しそう。日本に住んでいる人には珍しくもない光景だと思うが、惣菜が乏しいドイツから来た私には、頭がくらくらするほどの多彩さである。惣菜を買って帰れば調理の手間を省けるので、忙しいサラリーマンにとっては強い味方である。だが、私はこうした「惣菜の宝庫」を見るたびに「これらの調理済みの食品が売れ残ったら、どうなるのだろう？　全部捨てられるのだろうか？」と心配になってしまう。

そんな思いを抱くようになったきっかけは、1988年にニューヨークに出張した時に見たある光景だ。私はある日午前6時に、ホテルの近くの韓国人が経営している24時間営業のミニスーパー（食料品や雑貨を売っており、デリと呼ばれる）に、朝食用のコーヒー、パン、果物を買いに行った。このデリでは、肉野菜炒めや春巻き、焼きそば、炒飯《チャーハン》などの温かい食べ物も売られていた。店に入ると、店員が前日に売れ残った惣菜を、ドラム缶のような大きなゴミ箱にどさどさと捨てていた。まだ十分食べられる大量の食べ物がゴミと化すのを見て、私は気分が悪くなった。この光景は、それから30年経った今も、私の脳裏に残っている。

それ以来、私は豊富な惣菜を見ると、ニューヨークで捨てられていた食べ物を思い浮かべてしまう。しかも惣菜を売っている店は1ヶ所だけではなく、東京都内、そして全国の至る所にあるのだ。廃棄される食べ物の量を考えると気が遠くなりそうだ。

フードロスの定義は、国際組織や国によって異なる。たとえば国連食糧農業機関（ＦＡＯ）は、フードロス（food loss）を「人間のための食べ物が消費されずに失われること」と定義している。フードロスには、バナナを輸送していたトラックからバナナが落ちて失われるような偶発的なものと、食料廃棄（food waste）の2種類がある。ＦＡＯの定義による と食品廃棄物とは、まだ食べられる食品を消費者や小売業者などが廃棄したり、保存の仕方が悪かったために食べ物が腐ってしまい、捨てざるを得なくなったりしたケースである。

これに対し日本の環境省は、食品廃棄物のうち、まだ食べられるのに捨てられる食品を「食品ロス」と定義している。

定義がまちまちであっても、今世界中で問題になっているのは、作りすぎたために売れ残って廃棄される食品や、賞味期限が過ぎたために捨てられる食品などである。

日本でもフードロスに関する問題意識は高まりつつある。たとえば、２０１８年2月には一部のメディアが、節分の後に売れ残った恵方巻きが大量に豚の飼料として処理されている実態を報じた。中には店頭に並びもせずに「廃棄」された恵方巻きもあったという。

日本ではドイツの２・６倍の食べ物が捨てられている

ドイツでも売れ残った食べ物の廃棄処分を批判する声が高まっている。連邦食糧・農業省の下部機関、連邦食糧センター（ＢＺｆＥ）によると、２０１７年の同国の食品廃棄物の量は、毎年１１００万トンにのぼる。このうち家庭から出る食品廃棄物の量は、１年に約６７０万トン。１人あたり約55キロの食べ物を捨てていることになる。ＢＺｆＥは「食べ物を捨てることは道徳的な見地から大きな問題であるだけではなく、経済的にも大きな無駄だ。ドイツでは市民１人あたりが毎年２３５ユーロ（３万５５５０円）をゴミ箱に捨てていることになる」と主張する。

スイスの国際環境団体ＷＷＦ（世界自然保護基金）のドイツ支部は、２０１８年10月４日に発表した食品廃棄物に関する研究報告書の中で、「この国では製パン業界がパンを過剰に生産しているために、毎年１７０万トンにのぼるパンが捨てられたり、家畜の飼料にされたりしている。これは広さ40万ヘクタール（注・東京ドーム約８万５０００個分）の農地が無駄にされているのと同じことだ」と指摘した。

これに対してドイツ製パン業連合会では、「パン屋の閉店直前まで全ての種類のパンを取り揃えておこうとすると、どうしてもパンが売れ残ってしまう。さらに、パンの価格競争も問題だ。つまり、消費者はガソリンスタンドやディスカウント・スーパーで数セントの安価なパンを買えるので、パンをきちんと保存しようとしない。したがって、パンにカビが生えたりカチカチに乾燥したりして食べられなくなる。これもパンの廃棄物の増加につながる」と反論する。ドイツには1万1000社の製パン企業があり、3万5000軒のパンの小売店が競争している上、ほぼ全てのスーパーマーケットがパンを売っている。

ちなみに日本の環境省によると、我が国の2017年の食品廃棄物の量は2842万トンで、ドイツの2・6倍に相当する。私はこの数字を見て、デパートやスーパーのお惣菜の山が、消費者に見えないところで捨てられていく光景を想像した。

FAOによると、毎年世界中で生産される食料品の3分の1に相当する約13億トンが捨てられている。これは9900億ドル（108兆9000億円）という天文学的な額だ。FAOは、「毎年先進諸国が捨てる食糧の量（2億2200万トン）は、サハラ以南のアフリカ諸国で毎年生産される食糧の量（2億3000万トン）にほぼ匹敵する」と指摘する。

FAOによると、サハラ以南のアフリカ諸国、東南アジアで毎年廃棄される食糧の量は市民1人あたり平均6～11キロだが、欧州と北米で毎年廃棄される食糧の量は市民1人あたり平均95～115キロとはるかに多くなっている。日本、欧米などの先進国は、発展途上国よりも多くの食べ物を捨てているのだ。国連は2030年までに世界全体の1人あたりの食糧の廃棄量を半分に減らすことを目標としている。

食品廃棄物を減らすための試み

ドイツでは、政府や民間団体、経済界が食品廃棄物を減らすための努力を始めている。連邦食糧・農業省は食品メーカーや小売業界と協力して、2012年から全国の都市で「ゴミ箱に捨てるには早すぎる！」と銘打ったキャンペーンを行い、食品廃棄物を減らすための啓蒙活動を実施している。同省はこのキャンペーンの中で、「我々は美味しそうな食料品を店で見かけると、つい買いすぎてしまう。また、料理を作りすぎるために余ってしまい、捨てなければならないことも多い。さらに、食料品を正しく冷蔵、保存しないために腐ってしまうこともある。こうした態度を改めることが、食品廃棄物を減らすことにつながる」と訴えている。

また、ヘッセン州の消費者センターが2014年に始めた「食べ物を救え！」という啓蒙キャンペーンでは、小学生を対象としてなぜ食品廃棄物が生まれるのか、それを減らすにはどうしたらよいか、食品を正しく冷蔵、保存する仕方について、学校で講習を行う。

生徒たちは、食品廃棄物に関するビデオやゲームを通じて、食べ物を大事にすることの大切さを学ぶ。2018年6月末までに約2000人の生徒たちが、この講習を受けている。

賞味期限が切れると、食品を捨ててしまう人は少なくないだろう。ただし賞味期限を過ぎていても、食べられるケースはある。ドイツの安売りスーパー・アルディは牛乳メーカーと協力して、賞味期限が過ぎたばかりの牛乳をただちに捨てるのではなく、匂いを嗅いだり味わったりして、まだ飲めるかどうか試すことを消費者に提案している。

大量消費・大量廃棄という鎖から自由になる

ドイツのアパートのゴミ捨て場に備え付けられている茶色のゴミ箱に捨てられる残飯は、家畜の飼料として加工されたり、発酵させてバイオガスを作ったりするのに使われる。バイオガスは発電や暖房に使われる再生可能エネルギーの一つだ。

ドイツで食料品の廃棄物を減らすために実践されているもう一つの方法は、低所得者層への分配だ。「ミュンヘンの食卓（ミュンヒナー・ターフェル）」と呼ばれるNGOは、毎日卸売市場や食料品店を回って売れ残りのパンや野菜、賞味期限が切れてもまだ食べられる食料品を回収し、毎週2万人の低所得者に配る。その量は毎年520万キログラムに達する。このNGOのボランティアたちは、毎週市内140ヶ所の低所得者用居住施設などで、食料を配る。こうした試みは、ミュンヘンだけでなく全国で行われている。全国に937のターフェルがあり、6万人のボランティアたちが、150万人の困窮者に食料を配っている。こうした援助活動にはプロテスタントやカトリックなどキリスト教会の信者たちが多く関わっている。ドイツのボランティア活動の中では、困っている人を助けるというキリスト教の伝統も大きな役割を果たしているのだ。

2012年に創設された「フードシェアリング（FS）」という国際NGOは、食品廃棄物を減らすことを活動目標にしている。FSには2018年10月の時点で、ドイツ、スイス、オーストリアの約4万4000人のボランティア、約4800社の企業が参加している。

スーパーマーケットがインターネット上のFSのプラットフォームに、「売れ残りの食品が出ました」と書き込むと、「フードセイバー（食べ物の救済者）」と呼ばれるボランティアがスーパーへ行って売れ残りの食品を受け取り、所定の分配場所に持ち込む。年金生活者や難民などの低所得者は無料で食べ物を受け取ることができる。

FSはこれまでにベルリンやケルン、ハンブルクなどを中心に約1782万キログラムの食品が捨てられるのを防いだと主張している。ネット上では、廃棄から救った食べ物の量が最も多かったボランティアたちが「表彰」されている。

ドイツ人は一度何かを始めると、とことん行う傾向がある。どちらかというと、猪突猛進型なのだ。彼らはフードロスとの戦いでも、わき目を振らずにまっしぐらに直進するに違いない。

天然資源が有限であることを意識し、新しい物に飛びつかないで古い製品も大事に使う。不要になったら捨てないで、蚤の市などに出して他の人に売ったり、難民に寄付したりする。フードロスを減らして、売れ残った食品は困窮した市民と分かち合う。結局リサイクルとは、人間が生み出した製品、自然が生んだ食料という賜物を大切に扱うことだ。

こうしたリサイクルへの努力は過剰な消費を避け、お金に振り回されない生き方にもつながっていく。この国がリサイクル大国であるという事実は、ドイツ人が物欲という鎖に、そして、大量消費・大量破棄という鎖に束縛されることなく、比較的少ない所得でも「豊か」な生活を送れることと表裏一体の関係にあるのだ。

第6章

過剰な消費をしなくても経済成長は可能だ

⇩未来の世代に「豊かさ」を引き継ぐ、ということ

これまでの章の中でもご紹介してきたように、ドイツ人の中には節約家、吝嗇家《りんしょくか》が多い。日本の千円札に相当する10ユーロ紙幣を出す際にも、じっくり考える。生活ぶりも日本人に比べると質素だ。こうした態度はエネルギーの使い方にも当てはまる。

過剰なサービスや消費は、エネルギーの浪費にもつながる。残業時間が長くなったり、消費されないでゴミとして捨てられる製品や商品を作ったりすれば、電力やガスが不必要に多く消費されるからだ。宅配便のトラックが、不在だった客に荷物を届けるために何度も道を走れば、そのぶんガソリンが多く消費される。

したがって、ドイツ人は過剰なサービスや長い労働時間、週末のオフィスワークなどを避けることによって、間接的にエネルギーの節約に貢献していることになる。また何事においても効率を重んじ、無駄な出費を嫌うので、エネルギー消費においても節約が好きである。

無駄な電気を使わない社会

たとえばドイツ人は、「人がいない場所に電灯を点《つ》けておくのは、電気の無駄」と考える。

そのためアパートやホテルの廊下は、夜になるとスイッチを入れない限り真っ暗だ。スイッチを押すと1分くらい電灯が点いているが、その後は消える。日本人ならば「真っ暗な廊下は気味が悪い」と思うかもしれないが、ドイツ人は平気だ。企業のトイレも普段は真っ暗だ。人が入るとセンサーがキャッチして電灯が点く所が多い。

日本の企業やレストランのトイレでは、温風によって手を乾かす機械がしばしば使われているが、ドイツではめったに見かけない。ほとんどの公共施設のトイレでは、手を拭くのにティッシュか交換式のロールタオルが使われている。日本では当たり前になっている温水洗浄便座、いわゆるウォシュレットも全く普及していない。これも電気の節約につながる。

駅やデパートのエスカレーターも普段は止まっており、人が乗った時だけ動き出す。この数年日本でも時々見かけるが、ドイツではすでに30年以上前から当たり前だった。大都市のネオンライトも、東京や大阪、ニューヨークなどに比べると控えめである。

日本では2011年の東日本大震災の直後に、東京などで企業や官庁が節電を実行し、ネオンライト、駅やオフィスの照明が普段よりも暗くなっていた時期があった。ドイツでは大災害の直後でなくても、普段から節電のためにそのような状態を続けているのだ。

ドイツ人はエコロジーがお好き

私は2001年からドイツのエネルギー問題についても取材や記事の執筆を行ってきた。1998年から2005年まで続いた第7代連邦首相ゲアハルト・シュレーダーによる政権が、最初の脱原子力法と再生可能エネルギー促進法を施行させたからである。「日本と同じ物づくり大国であるドイツが、原子力発電を廃止して再生可能エネルギーで代替できるのだろうか?」と思ったのがきっかけだ。

日本では2011年に福島での原発事故が起きるまで、エネルギー問題について政治家や市民の関心は低かった。これとは対照的に、ドイツ人の間ではすでに2011年以前からエネルギー問題についての関心が非常に高かった。市民のエネルギーに関する知識も他の欧州諸国に比べて豊富だった。新聞やテレビでもエネルギーをテーマにした記事、番組がそもそも多かった。

ドイツ人がエネルギー問題について詳しい理由の一つは、環境保護への強い関心である。彼らの環境保護への関心は政治の世界にも表れている。1980年に創設された緑の党はその象徴である。当初は原発廃止と核兵器の全廃などを求める急進的な政党だったが、その後徐々に政策を穏健化させることによって、中間階層に属するドイツ人の間で支持率を高めた。

緑の党は1998年から2005年まで社会民主党（SPD）との左派連立政権に参加し、原子力発電の使用停止と再生可能エネルギー拡大に関する最初の法律を施行させた。

ドイツ公共放送連盟ARDが2018年10月に行った政党支持率調査でも、緑の党への支持率は17%で、メルケル首相を支える政権与党のキリスト教民主・社会同盟（CDU／CSU）への支持率（26%）に次ぐ第二党の地位にある。南部のバーデン・ヴュルテンベルク州では緑の党の政治家が州政府の首相を務めているほか、ヘッセン州でも2014年以来CDUと緑の党が連立政権を作っている。

2018年10月のバイエルン州議会選挙でも、緑の党は前回の選挙に比べて得票率を2倍に増やしてキリスト教社会同盟（CSU）に次ぐ第2党となった。特に州都ミュンヘンでは9つの選挙区のうち、5つで緑の党の得票率が他の政党を差し置いてトップになった。私が住むミュンヘン中部選挙区では、緑の党が42・5%もの票を獲得した。つまり緑の党は、この国で押しも押されもせぬ中堅政党になっているのだ。緑の党のような環境政党が国会に議席を持つなどということは、日本ではまず考えられないのではないか。

なぜ緑の党はドイツ人にこれほど人気があるのだろうか。それは、自然環境の保護や天然資源の節約を重視するエコロジーの思想が、多くのドイツ人に受け入れられているからだ。

「地球は子どもたちから預かったもの」

緑の党が初期に使った重要なスローガンの一つに「Wir haben die Erde von unseren Kindern nur geborgt（我々は地球を、我々の子どもたちから預かったにすぎない）」という言葉がある。「我々は地球の自然や資源を大切に扱って、子どもたちに美しい環境をそのまま引き継ぐ義務がある」という意味だ。これは、米国の先住民族のある首長の言葉だ。彼らは、自然との共存を重視することで知られる。自然破壊に反対する緑の党の精神、環境保護についての責任感を端的に表現する言葉だ。

人類は原発からの電力供給という恩恵を受けてきたが、チェルノブイリ事故や福島事故による放射能汚染のために、長期間にわたり人間が住むことができない地域を生んでしまった。これは「地球の美しい環境を子どもたちに引き継ぐ」という義務に反する行為である。

緑の党の発起人の一人で、党代表や連邦議会議員も務めたルドガー・フォルマーは、緑の党の思想を「エコロジーに基づく人道主義」と定義する。穏健な左派思想の持ち主や、自然を愛する市民にとっては受け入れやすい路線である。

日本の「清貧の思想」とも通じる生き方

緑の党が最も重視するエコロジーとは何を意味するのだろうか。フォルマーは著書の中で次のような定義を記している。「エコロジーとは、社会の全ての領域を貫く政治的な基本概念であるべきだ。エコロジーは人間の存在を自然環境の文脈の一部と考える、総体的な哲学だ」。

つまりエコロジーとは、環境保護政策にとどまらず、人間の生き方そのものだというのだ。エコロジーは、人間と環境が互いに及ぼす作用を観察し、環境を保護するための政策決定を行う。

フォルマーは、この点が緑の党とCDUなど他の政党が最も大きく異なる点だと言う。彼によると、CDUは有権者の心をつかむために環境保護を重視することを主張しているだけで、緑の党のように環境保護を生き方の指針と考える人々の集まりではないと批判するのだ。

多くの市民は、過激なイデオロギーが苦手である。緑の党では共産党とは異なり、労働者階級と資本家階級の間の闘争は重要なテーマではない。したがって、緑の党は労働者階級の集まりではない。中には、高級車を所有する比較的裕福な党員もいる。ただし高価な衣服やアクセサリーによって裕福であることを見せびらかすことは、消費至上主義の表れとして批判される。イタリア人やフランス人に比べて、ドイツ人の間にはファッションやブランド商品に関心がなく、服装に無頓着で質素な身なりの人が多い。このため緑の党の飾らないライフスタイルは、ドイツ人にとって受け入れやすいものだった。日本で一時流行した「清貧の思想」とも通じるものがある。

つまり、過剰なサービスや過度の消費を避け、お金に振り回されないというドイツ人のライフスタイルは、消費至上主義を拒否する緑の党の路線と重なる部分が多い。ドイツ人が好む「マイペースでほどほどの生活」「奢侈《しゃし》や華美《かび》を嫌う生き方」は、エコロジーに通じる。サービスや消費を最小限にすることで、エネルギーや天然資源の消費量も抑えることができるからだ。緑の党が中間層も含めて多くのドイツ人の間で支持者を持った理由が、そこにある。

ドイツが脱原発に舵を切った舞台ウラ

階級や職種、政治的な出身母体が違っていても、緑の党の党員には共通の目標があった。それは、自然環境の保護、健康的な生活を保障する環境、環境にダメージを与えない持続的成長を保証する経済活動、社会的公正を実現し貧困を減らす努力、女性の社会進出の促進、他国との友好関係の強化、自分でライフスタイルを決定し、それぞれの手段で自己を実現することであった。

こうした緑の党の哲学は、過激主義を避け個人の自由を重視するものであり、個人主義者が多いドイツ人、特に中間層に属するサラリーマンや公務員、都市に住む若いサラリーマンたちにも受け入れやすいものだった。

緑の党が結党から18年で連立政権に参加するまでに力を伸ばした背景には、こうした「ソフトさ」がある。実際、緑の党の中では穏健な政策を進めるグループが、急進勢力を排除して舵を握った。彼らは政策を次々に穏健化することによって、支持者を着実に増やしていった。

ドイツで、結党以来一貫して原発の廃止を主張してきた政党は緑の党だけである（社会民主党〈SPD〉は1984年のチェルノブイリ事故までは、労組に配慮して脱原発を要求していなかった)。私は2011年に福島事故が起きた時に、緑の党が中央政界、地方政界で影響力を持っていなかったら、この国が2022年末までに原発の全廃を決めることはなかっただろうと考えている。メルケル首相は元々原子力擁護派だったが、福島事故の映像を見て「原子力エネルギーに固執していたら、緑の党とSPDに多数の支持者を奪われる」と考えて、急遽、批判派に「転向」したのだ。

メルケル首相が招集した社会学者や教会関係者らから成る倫理委員会は、「万一、原子炉事故が起きた場合の放射能汚染による損害は、事前に予測することが難しいほど巨額になる恐れがある。どうせ巨費を投じるのならば、原発よりも健康へのリスクが少ない再生可能エネルギー発電装置の増設に資金を投じる方が良い」と政府に提言した。

2016年に日本の経済産業省の「東電改革・福島第1原発問題委員会」は、廃炉・賠償など福島事故の処理にかかる費用が21・5兆円に達するという試算を発表した。これは2018年度予算案(2017年12月発表)の税収59兆790億円の36%に相当する莫大な金額だ。

この21・5兆円が除染や賠償など、過去の損害を償《つぐな》ったり修復したりする「後ろ向きの費用」であるのに対し、再生可能エネルギー拡大には、地球温暖化を深刻化させる二酸化炭素を減らし、新しい雇用を生むなど未来へ向けたプラスの側面が大きい。

ドイツ人たちは何事においても、費用対効果を天秤にかける。その結果、「これだけのお金を除染など原発の負の遺産の清算にかけるよりも、自然エネルギーの助成に注ぎ込んだ方が合理的だ」という結論に達したのだ。産業界や電力業界を除けば、多くの市民がこの意見に賛成している。

再生可能エネルギーには莫大なコストがかかるが……

フラウンホーファーISE研究所によると、ドイツでは、2018年11月の時点で風力、太陽光、水力、バイオマスなどの再生可能エネルギーが、企業などの自家発電量を差し引いた純発電量に占める比率は約40％に達している（自家発電量も含む2018年の総発電量に再エネが占める比率は、35・2％＝ドイツ電事連調べ）。日本は水力＋再生可能エネルギーで14・5％（経済産業省エネルギー庁「エネルギー白書2018」より）。ドイツ政府は2050年には再生可能エネルギーが電力消費に占める比率を80％に引き上げることを目標にしている。

興味深いのは、倹約家であるドイツ人たちが、再生可能エネルギー拡大については莫大な費用の負担を受け入れていることだ。

我々ドイツに住む消費者は、電力を使うごとに再生可能エネルギー拡大のための賦課金《ふか》を払っている。さらに、風力発電装置が多いドイツ北部から大消費地の南部にエコ電力を送るための、高圧送電線の建設も行われているが、そのための費用も消費者が毎月払う電力料金に上乗せされている。ドイツ産業連盟（ＢＤＩ）は、再生可能エネルギーの比率を２０５０年までに80％に引き上げるためにかかる費用は、少なくとも1兆５０００億ユーロ（１９５兆円）に達すると予測している。賦課金や送電線建設などのために、電力料金は上昇する一方だ。

しかし、現在でも、ドイツ国民の半数以上が脱原子力と再生可能エネルギーの拡大政策、つまり、エネルギー転換は正しいと考えている（２０１８年にポツダムの持続性研究所が行ったアンケート調査結果）。「莫大なコストがかかるから、エネルギー転換をやめよう」という抗議デモなどは全く起きていない。この国の戦後レジームの破壊をめざす右翼政党「ドイツのための選択肢（ＡｆＤ）」を除けば、脱原子力や再生可能エネルギーの拡大に反対している政党はない。

経済的に引き合わなくてもエネルギー転換を進める理由

緑の党が連立政権に加わっていた2005年に、私はベルリンの連邦環境省で、再生可能エネルギー担当部の課長にインタビューしたことがある。緑の党の党員である彼は、「再生可能エネルギー拡大によって、電力料金が上昇するのは当たり前だ。環境税の導入によってガソリンの値段が高くなるのも当然だ。我々が目指しているのは、エネルギー消費のためのコストを故意に引き上げることによって、エネルギー消費を減らすことを目指しているのだ」と語った。

つまり、緑の党の目的は、物づくり大国がエネルギー消費を減らしても経済成長の持続が可能であることを世界中に示すことだった。彼らはイデオロギー上の理由からエネルギー消費のコストを引き上げようとしたのである。

日本の企業人たちの間には、「なぜドイツ人がこれほどコストがかかることをやろうとしているのか、わからない」と言う人が多い。そう言う人はドイツのエネルギー転換の真の理由を理解していない。

緑の党の党員たちにとって、エネルギー転換が経済的に引き合わないことは織り込み済みだった。ドイツ人たちがエネルギー転換を始めたのは、経済的理由ではなく持続可能性が高い社会を作るという政治思想的な動機からなのである。いわばエネルギー政策のエコロジー化である。

つまり、緑の党にとっては、資源の浪費を避けエネルギー消費を減らす社会が理想である。多くのドイツ人もエネルギー消費を増やさずに経済成長を目指すべきだと考えている。エネルギー消費量の増大は天然資源の消費量が増すことを意味する上、環境破壊や、二酸化炭素（CO_2）や窒素酸化物など地球環境や人間の健康にとって有害な物質の増加につながるからだ。知り合いのドイツ人は、「CO_2の排出量の削減に少しでも貢献するために、プライベートな国内旅行には、もう飛行機や車は使わずに、列車を使う」と語る。

もちろん、この人だけが飛行機や車の旅行をやめたからといって、実際にCO_2の排出量が大幅に減るわけではない。我々日本人は、「自分一人が車や飛行機を使うのをやめても、二酸化炭素排出量は大きく減らないのだから、車や飛行機を乗るのを控えてもしょうがない」と思うのではないか。重要なのは、このドイツ人のように考える人が少しずつ増えることによって、中長期的に車や飛行機から列車に乗り換える人が増えること、そして地球温暖化と気候変動の問題を自分に身近な問題として捉える市民が増えることである。

ドイツでも異常気象による被害が大きくなっている

ドイツでは21世紀に入ってから、洪水や突風による経済損害額が増える傾向にある。アルプス山脈では気温上昇のために氷河が解けて小さくなりつつある。欧州の保険業界や気象学者の間では、「地球温暖化のためにハリケーン、洪水など気象関連の自然災害の頻度や損害額が増えている」という見方が強まっている。ヨーロッパだけでなく、アメリカ大陸においても、南部を襲った3つのハリケーンのために、2017年の世界中の巨額損害の合計額は過去最高の1440億ドル（15兆8400億円）にのぼった（スイス再保険調べ）。特に米国のハリケーン被害は、多くの保険会社の2017年の業績を一時的に悪化させた。ちなみに、1440億ドルというのは保険会社が払った損害額であり、保険でカバーされていない被害も含めると3370億ドル（37兆700億円）に達する。

この原稿を書いている2018年秋のドイツの暖かさは異常で、10月後半だというのに6月か7月のように気温が20度を超える日が何週間も続いた。こうした問題についてのドイツ人の感受性は、我々日本人よりも高い。

その理由は、ドイツ人の公共意識が日本人よりも高いことと関係があると思う。たとえば、「霊峰」と呼ばれる富士山の登山道では、観光客が投棄する大量のゴミが問題となっている。ドイツの観光地や田園地帯では、日本に比べると道に落ちているゴミが少ない。湖のほとりやアルプスのハイキングコースなど、ゴミ箱がない場所では、各人がゴミを持ち帰ることが常識となっている。ドイツ人の間では、湖畔や山道は全ての人が所有する公共の財産だという意識が強い。緑の党が重視する「地球は子孫から預かったものであり、きれいなままで将来の世代に引き継がなくてはならない」という意識は必ずしも一政党の抽象的な理念ではなく、多くのドイツ人が常識として抱き、暮らしの中で実践している。

エネルギー消費を減らしながら経済成長

市民や企業のエネルギー消費削減へ向けた取り組みは、統計にはっきり表れている。ドイツの電力会社などが作っている「エネルギー収支作業部会（ＡＧＥＢ）」が2018年3月に発表した報告書によると、１９９０年から２０１７年までにドイツの一次エネルギー消費量(石油、石炭など他のエネルギーに転換される前のエネルギー源)は９・１%減少した。この期間にエネルギー消費量が毎年平均０・４%ずつ減ったことになる。

興味深いのは、エネルギー消費量が減っているにもかかわらず、ドイツの実質国内総生産（ＧＤＰ）が１９９０年から２０１７年までに49・６％も増えたことだ。この27年間で実質ＧＤＰが毎年平均１・５％ずつ増えたことを意味する。さらに27年間にドイツの人口も４％増えたのだが、エネルギー消費量は減っている。つまり、ドイツはエネルギー消費量を減らしながら、経済成長を実現することに成功しているのだ。

ちなみに、日本でも21世紀に入ってからは似たような傾向が見られる。資源エネルギー庁の２０１８年度エネルギー白書によると、１９７０年代から２００５年頃まではＧＤＰが成長するとともに最終エネルギー消費量（電気や都市ガスなどのように、一次エネルギーから変換・加工されて実際に消費する二次エネルギー）も増加していた。しかし、２００５年以降はＧＤＰが増えても最終エネルギー消費が減っている。特に２０１１年の東日本大震災以降は、企業の省エネ努力などにより最終エネルギー消費の減少が目立っている。

資源エネルギー庁によると、１９７３年から２０１６年までにＧＤＰは２・５倍に増えたが、最終エネルギー消費の増加率は１・２倍にとどまっている。

ＩｏＴでエネルギー消費にさらなる大きな変化が

ちなみに、ＯＥＣＤや米国のエネルギー情報局（ＥＩＡ）の統計を比べると、新興国では経済成長に並行してエネルギー消費も増えているのに対し、先進国では経済成長にもかかわらずエネルギー消費が減っていることがわかる。たとえば、2000年からの15年間に中国のGDPは295・7％増加した。この間に一次エネルギー消費も194・5％増えた。インド、ブラジル、韓国など経済成長率が高い新興国でも、同じ期間にエネルギー消費は2桁の勢いで増えている。

これに対し、日本、ドイツ、米国などの先進国ではGDPが増えてもエネルギー消費が減りつつある。先進国の企業ではエネルギーを節約するための技術が普及しているためだ。たとえば日独では、製造業界でIoT（モノとモノがインターネットでつながり合う仕組み）の技術が徐々に導入されつつある。

多くの大手企業は、工場の生産ラインに多数のセンサーを設置しているが、このセンサーは電力消費量が異常に高い個所を検知して管理者に迅速に通報することにも使われている。IoTの技術を導入したドイツのBMWやボッシュの工場では、こうしたシステムによって電力消費量を大きく節約することに成功した事例が報告されている。今後IoTの技術を活用したスマートハウスが普及すれば、エネルギーの節約にさらに拍車がかかるに違いない。また欧州連合は、2030年までにEU域内の一次エネルギー消費を32・5％

（図表14）主要国のエネルギー消費の変化率

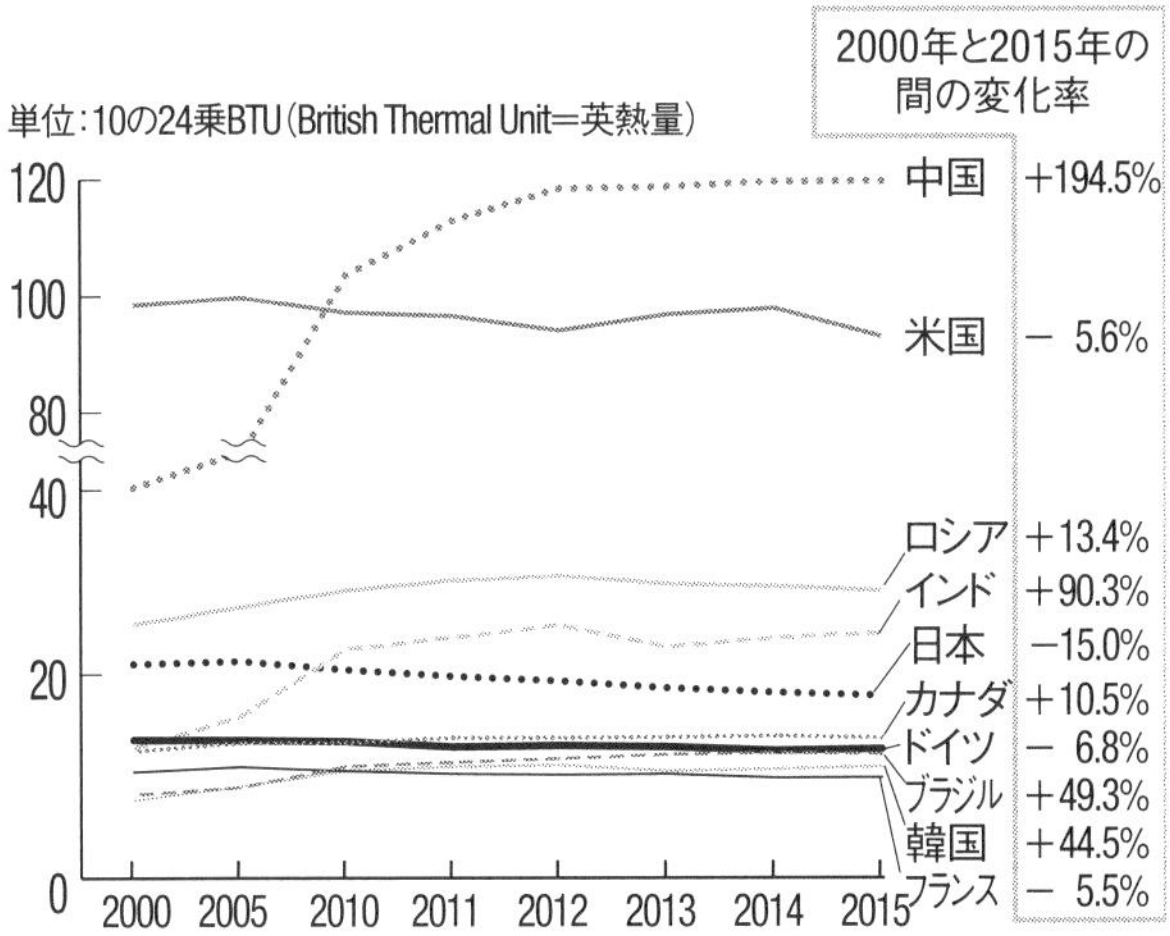

資料＝EIA（米国エネルギー省エネルギー情報局）

（図表15）主要国のGDPの推移

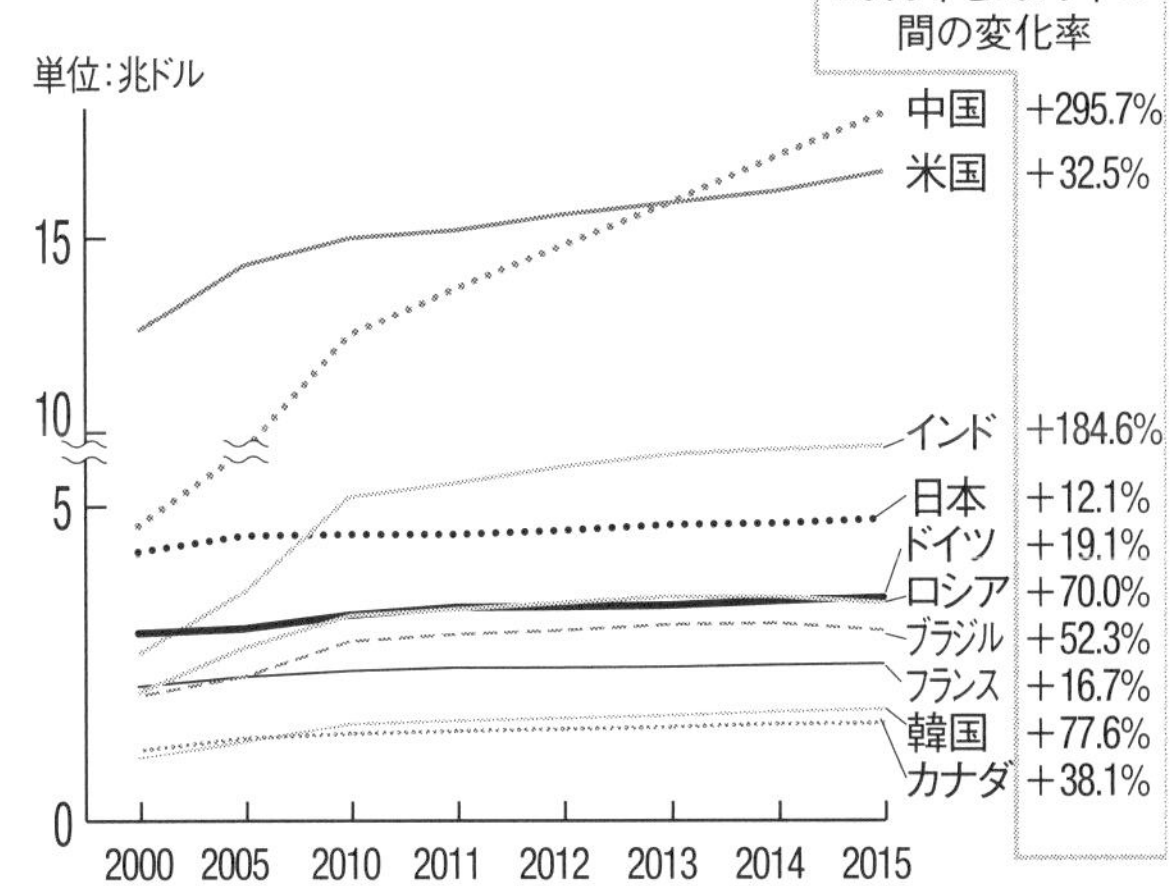

購買力平価を使用
資料＝OECD

減らすという目標を掲げているので、各国政府はこれまで以上にエネルギー節約のための工夫を強いられることになるだろう。

エコロジスト・ドイツ人の「クルマ病」

さて、ドイツ人がエネルギー消費を減らすことに熱心だといっても、彼らも人間である。そのスタンスには様々な矛盾がある。

たとえばドイツ人（特に男性）の多くは、車の話となると目の色が変わる。初対面の人でも2〜3時間は車の話をすることができる。それくらい、ドイツ人の男性は車が好きだ。

ドイツの高速自動車専用道路（アウトバーン）には、スピード制限がない区間がある。ここでは、時速200キロでも、300キロでも出していい。高速道路にスピード制限なしの場所がある国は、世界でもドイツだけだ。彼らは時速200キロでアウトバーンを疾走することが大好きだ。それを「個人の自由」の権利の一つと考えている人すらいる。しかし200キロ超で走ると、有害物質の排出量や燃料の消費量が増える。

高速道路にスピード制限を導入すれば、資源の節約になることは間違いない。だがドイツの政党の中で、高速道路の全区間に速度制限を導入することを求めてきたのは、先の緑の党だけである。ドイツでは自動車産業が政治の世界でも強い影響力を持っている。このため緑の党以外の政党は、自動車産業に配慮してスピード制限を導入することを要求して来なかった。あたかも言論の自由に制限をかけるかのようだ。ドライバーにとってアウトバーンで200キロの時速を出すことは、言論の自由のようなものなのかもしれない。

排ガス不正に見るドイツ人の矛盾

さらに、2015年に発覚したフォルクスワーゲン（VW）グループの排ガス不正も、ドイツ人の環境意識の高さとは矛盾する事件だ。同社のエンジニアたちは、米国やEUの窒素酸化物（NO_x）規制をクリアするために、不正なソフトウエアを搭載することによって、自動車が検査台の上にいる時には、そのことを自動的に感知してNO_xの排出量を抑える仕組みを導入していた。ただし、車が路上で走行する時には、削減装置が機能しないので、基準を超えるNO_xが大気中にまき散らされる。

しかも、このトリックを行っていたのは、アウディ、ポルシェを含むVWグループだけではない。ダイムラー、BMW、オペルなども似たような機構をディーゼルエンジンに搭載していたとして監督官庁から罰金の支払いを命じられたり、検察庁の捜査を受けたりしている。ドイツの自動車業界の大半が環境保護というコンプライアンスの重要な1項目を堂々と踏みにじっていたことになる。ＮＯ$_x$は呼吸器系の病気の原因となる有害物質だ。これらの有名企業は、「クリーン・ディーゼル」という美辞麗句の陰で消費者をだまし、大気汚染の防止よりも収益増大を優先していたのだ。

アウトバーンの速度制限といい、排ガス不正といい、こと自動車の問題となると、ドイツ人たちは突然、環境保護の重要さを忘れてしまうかのようだ。

さしものドイツでも、モビリティ転換は避けられない

だが、ドイツのエンジニアたちの不正行為は、司法や行政を激怒させ、排ガス規制を一段と厳しくするきっかけとなった。２０１７年から２０１８年にかけて、フランクフルトやシュトゥットガルトの行政裁判所は、大気汚染をめぐる環境団体の訴えを認め、「メーカーや政府が汚染削減のための有効な措置を取らない場合には、旧式のディーゼルエンジンを搭載した車の乗り入れを禁止することは適法だ」という画期的な判決を下している。

さらに、ＥＵ加盟国の環境大臣たちは、車からのＣＯ$_2$の排出量も大幅に削減することを決定した。現在ＥＵ域内では車が１キロメートル走る際に出すＣＯ$_2$の量は、２０１８

年12月の時点では１１８・５グラムである。ＥＵはこの値を２０２１年までに95グラムに減らすことを目標としていたが、欧州会議と閣僚理事会は２０１８年12月18日に、「２０３０年までに、２０２１年の目標値よりもさらに37・５％減らす」という新しい目標について合意した。つまりメーカーは１キロメートルあたりのCO_2排出量を現在の１１８・５グラムから60グラムに減らすことを求められる。

ドイツの自動車業界からは、「この新しい目標値が実行に移されたら、内燃機関を使う車の終焉《しゅうえん》を意味する。自動車業界の雇用が10万人単位で減る」という声が出ている。だがさしもの大手自動車メーカーも、モビリティ転換の大きな流れに逆らうことはもはやできない。ＥＶ（電気自動車）や燃料電池車の本格的な導入へ向けて舵を切りつつある。

２０１８年秋の時点で、ドイツで使われているＥＶの数は、わずか５万台。政府目標（１００万台）の20分の１にすぎない。これまで自動車業界では、電力・ガス業界に比べるとエネルギー転換が遅れていた。しかし、今後は自動車の世界でも、大きな地殻変動が起こることは避けられない。

大馬力のガソリン車、ディーゼル車でアウトバーンを疾駆することを「個人の自由」と考えているドイツ人たちは、発想の転換を求められる日が近づいている。我々は、車の世界にもようやくエコロジーの風が吹き始める時代の入り口に立っているのかもしれない。

お金は、かけるべきところにかける

私は、本来倹約家であるドイツ人の多くが、電力料金の引き上げや排ガス規制の強化について文句を言いながらも、エネルギー転換という多額のコストがかかるプロジェクトを支持していることを興味深く思う。彼らは華美な洋服や贅沢な食事などへの無駄な出費を避けるといった、単に目先のお金を節約することに汲々《きゅうきゅう》としているだけではない。

多少のコストがかかっても、自分たちの住む環境を守ることを重視するという面も持っている。彼らはエネルギー転換によって原子力と化石燃料への依存から脱却することが、今を生きる人間の未来の世代に対する責務であると考えている。ドイツ人たちは過剰なサービスや物への依存、エネルギー消費を減らしても経済的な成長は可能であり、真の意味で「豊かさ」を持続可能なものにすると信じているからだ。

彼らのエネルギーに対する姿勢も、「働きすぎず、お金に振り回されないでほどほどの暮らしをすることが、結局は精神的に充実した生活につながる」という哲学と共通する部分がある。

終章　「求めすぎない」ことから始めよう

⇩真の「豊かさと安定」を手に入れる第一歩

「マイペース」で働ける社会とは

これまでの章でお伝えしてきたように、大半のドイツ人の暮らしは質素であり、日本人ほど消費活動に重きを置かない。それでも私は、全体として見るとドイツが「豊かな」国だと感じている。その最大の理由は、全ての人が仕事だけに束縛されずに、自由時間を楽しんでいるからだ。日本に比べると、「会社の都合」だけではなく「労働者の都合」が配慮されている社会だと言ってもいい。

そのゆとりを生んでいるのは、1日10時間を超える労働が禁止されていることや、社員に対して最低24日間の有給休暇を与えることが義務付けられていることなど、法律や規則だけではない。

むしろ重要なのは、人々の意識だと思う。たとえば、この国の人々は自分でできることは自分で行い、他人に頼らない。商店やホテルでも過剰なサービスやへりくだった態度は期待しない。このようにサービスへの期待度が低くなっているので、サービスを提供する側には心の余裕が生まれる。宅配便の会社に勤める人も、帰宅していない客に荷物を届けるために、何度も電話をして在宅を確認する必要はない。スーパーマーケットやレストランの店員も、身体の前に手を組んでお客様に最敬礼をする必要はない。ドイツでは客と店員の目線の高さは日本ほど大きく違わない。店員は客に隷従《れいじゅう》するような態度を見せる必要はない。いわんや外国人の店員に対し「外国人ではなくてドイツ人の店員を出せ」などと文句を言う客はいない。

サービスへの期待度を下げよう

日本では企業、他人に対する依存心や過度な期待感が、知らず知らずのうちに社会の中で過剰なサービスを増やし、労働者の負担を重くしているのではないだろうか。過度な期待感は、「自分はお金を払うのだから、客として手厚いサービスを受けて当然だ」という甘えでもある。日本で店員さんの丁重なサービスを見ていると、こういう期待感を持つ客を怒らせたくないという恐れが感じられる。

ただし私は、世界的に見てもトップクラスにある日本のサービスの水準を低くすべきだと言っているわけではない。客に不快な気持ちを与えるような、ドイツの悪いサービスを日本に持ち込む必要もない。私が提案しているのは、行きすぎと思えるサービスをなくすことだ。

たとえば、私はパン屋で1個1個のパンを別々にビニール袋に入れてから、さらに大きな袋に入れることは、不必要なサービスだと思う。客の側がサービス期待度を下げることによって、社会の過剰サービスを減らし、より多くの人々が労働時間を減らしたり、現在より多くの有給休暇を取れるようにすることが必要ではないか。

私は日本で、収入が少なくても生活のゆとりを楽しめる社会を作るための第一歩は、過剰サービスをなくすことだと思う。日本では「労働組合が弱いために、1日10時間に制限された労働時間や、年に30日間の有給休暇など導入できるわけがない。市民にはそういった制度を変えられるわけがない」という声をよく耳にする。

だが企業や商店が過剰サービスをやめることによって商品の価格を引き下げ、労働者の負担を減らすことは、政治が変わらなくても可能なはずだ。これは民間レベルで行うことができる改革だ。

その意味で、一部の宅配業者が日曜日の配達をやめたり、小刻みな配達時間の指定を変え始めたりしたことは、大いに歓迎すべきだと思っている。ユーザーは1日くらい配達が遅れたからと言って、目くじらを立てるべきではない。我々消費者は、働く人々の生活の質にも思いを致すべきだ。つまり、我々ユーザーも意識を変えることが求められている。

企業への依存心や手厚いサービスを求める甘えを減らすことである。そのためには、自分でできることは自分でやるという基本的な姿勢が重要だ。

「ちょっとした不便」はすぐに慣れる

営業時間についても、日本は顧客の都合優先が当たり前になっている。たとえば日本のデパートや小売店では、閉店時間が過ぎても客がゆっくり買い物をしているのを見かける。ドイツではあり得ない光景だ。この国では閉店時間になったら、時間ぴったりに客が追い出されるのは常識になっている。デパートの閉店時間直前には入り口に警備員が立ち、シャッターを下ろす準備を始める。小売店でも閉店時間直前に入店する客は、店員からきつい目つきで睨《にら》まれる。店員も人間であり、早く家に帰りたいと思っているからだ。

日本のこの慣習も客の都合を大事にする一種の「おもてなし」なのだろうが、従業員にとっては労働時間が長くなるだけである。我々は客として自分の都合ばかり考えていて、従業員の休む権利についてはほとんど考えない。これも一種の甘えである。本来、客は決まった営業時間の中で買い物を楽しむべきであり、従業員が休む権利も尊重すべきではないだろうか。

みんなが自由時間を楽しめる社会を作るためには、客も従業員に対するいたわりの気持ちを持つ必要がある。みんながちょっとした不便を我慢し、サービスに対する期待値を下げることによって、みんなの負担を軽くするのだ。こうした客側の意識改革は、「働き方改革」の中でも極めて重要なポイントだと思っている。

宅配業者やデパートがサービスを切り詰めたとしても、客は初めのうちは「あれっ」と思うだろうが、時間が経つにつれて慣れていくと思っている。実際、私も29年前に日本からドイツに来た時は、この国のサービス水準の低さに驚いたが、今ではすっかり慣れてめったに不快感は覚えない。自分がちょっとした不便を我慢しているとすら感じない。むしろ、サラリーマンや役人だけではなく、店員も含めてみんなの負担を軽くすることが社会の公平につながると考えている。

仕事の属人性を薄める努力を

過剰サービスの問題は、企業間の取引にもあてはまる。残業時間の規制についての法律が施行されても、客側の意識が変わらなければ、本当の働き方改革はできないと思う。客側の理解と協力が得られて、初めて社会全体で残業時間を減らすことができるのではないだろうか。その意味で、法律は働き方改革の骨格にすぎない。肉付けをしていくのは、企業、そして市民である。「休むこと」について客側も含めた社会全体の合意を打ち立てることが不可欠であると思う。上から「プレミアムフライデー」を押し付けるような皮相的な措置は根付かない。

そのためには、日本企業の取引関係の属人性を薄めることが重要だ。仕事は人につくものではなく、会社につくものだという意識を社会全体に浸透させる必要がある。客が「私が電話をかけたら必ず自分の担当者に対応してもらわなければだめだ」と考えているようでは、取引先の担当者は絶対に2週間のまとまった休暇を取れないだろう。社内だけではなく、社外の人も巻き込んだ意識改革が必要なのだ。客側も、「担当者が2週間の休みを取っているために担当者以外の人間としか話せない」というちょっとした不便を我慢することによって、みんながまとまった休暇を取れる社会が成立するのだ。

金銭では測れない価値を意識する

第3章で、ドイツで広まりつつある「ドイツの新しい通貨は自由時間だ」という言葉をご紹介した。「給料を稼ぐために長時間オフィスに束縛されて働く生活よりも、働く時間を自由に決めることができ、家族と過ごす時間を十分に取れるようにしたい」という考え方だ。この国の労働者の間では、賃上げよりも休暇日数の増加を選択する人が増えつつある。

この言葉は多くのドイツ人たち、特に若い世代が「人生にはお金以外にも重要な価値がある」と考えていることを示している。

もちろん、ドイツでも社会保障制度に依存せず、自力で安定した収入を持つことは基本中の基本である。しかし、多くの若い勤労者たちが、「お金だけでは満たされない」と感じ始めている。彼らは非金銭的な充実感を得るためには、収入が減ることもあえて受け入れるのだ。

彼らは、ステータスシンボルであるベンツやBMWではなく、割安のシュコダ（チェコ製）やダチア（ルーマニア製）に乗っていても恥ずかしいとは思わない。会社に束縛されない自由時間、芸術や家族との幸福な生活など、金銭では測れない価値を追求しているからだ。その意味でドイツの一部の人々は、ポストマネタリー社会（脱金銭社会）とも言うべき方向を目指している。

年収が少なくても、自由時間、芸術活動、趣味、自然との触れ合いなどによって「心の豊かさと安定」を得ることは可能である。人間を測る尺度は年収や資産だけではない。心のゆとりや社会への貢献度、周囲の人々との関係も劣らず重要である。

たとえば、詩を書くだけでは、なかなか生活を支えることはできない。しかし、詩を読んだ人々が共感を持ったり安らぎを感じたりすれば、その詩人は社会に貢献している。国内総生産（ＧＤＰ）を増やすことだけが、社会への貢献ではない。

日本とドイツ、文化や国民性を超えて共通すること

「日本とドイツの間には法律や文化の違いがあるので、働き方を比べることはできない」という意見もある。しかし、人間の一生が1度しかないということについては、日本人とドイツ人の間に差はない。失われたお金はもう一度稼ぐことができるが、失った時間を取り戻すことは絶対にできない。その意味では、「新しい通貨は自由時間だ」というドイツ人の見方には一理ある。我々が人生という舞台の上でスポットライトを浴びていられる時間は、意外と短い。

我々日本人は、会社に就職する時、人生という上演時間を会社のための仕事と、プライベートな生活との間でどのように割り振るかについて真剣に考えない。だが、ようやく働

き方改革についての議論が起きてきた今、「会社」と「自分」のどちらに多く時間とエネルギーを割くかについて、じっくり考えてみるべきではないだろうか。それは、客としての立場も含めた、「働き方と休み方」についての社会全体の意識を変えるための第一歩になると思う。

長い道程のスタート地点は、自分でできることは他人に頼らず、期待度と甘えを減らして過剰なまでに手厚いサービスを求めないことだ。さらに客である自分にサービスをしてくれる店員たちも家庭やプライベートな生活を持っているということを、意識することも重要だ。

そして我々は、金銭では測れない価値をもっと強く意識するべきではないだろうか。

その意味で、平均可処分所得が約２９０万円でも比較的豊かな社会を実現しているドイツは、我々にいくつもの示唆を与えてくれているように思う。

おわりに

私は今年でドイツに住み始めて29年目になる。その中で強く感じたのは、「ドイツ人はお金では測れない豊かさをこの社会で実現しようとしている」ということだ。それが、「収入が多くなくても、精神的に豊かな生活を送ることは可能だ」という本を書こうと思った動機の一つである。

金銭では測れない価値とは何か。それは穏やかな生活や自由時間（家族と過ごす時間、自分の趣味に費やす時間など）が不当に制限されないこと、豊かな自然環境をいつでも享受できること、言論の自由などだ。ドイツでは法律や規則が厳しいが、他方で市民に多くの権利と自由を与えている。この国は日本のように信頼や人間関係に基づく社会ではなく契約社会なので、政府や企業は法律で保障された市民の権利や自由を侵すことが許されない。したがって、市民はお金では買えない「豊かさ」を守ることができるのだ。日本は契約社会ではないので、「お客さんの要望」とか、「他社との競争に負ける」などの理由で経営者側が働く者の権利や自由を少しずつ狭めているような気がする。

私は日本に出張した後にドイツへ戻ってくると、かつて日本で言われた「ゆっくりリズム」という古い言葉を思い出す。この国の人々は日本と違って、何事もあせらずに時間をかけて、マイペースで行っているという印象を持つ。どんなにパン屋が混んでいても、店員の対応はゆっくりだ。会社で働くサラリーマンたちは疲労して能率が下がるのを避けるために、1日の仕事は10時間未満にとどめる。得意先から「急いでくれ」とせっつかれても、自分のペースを崩さない。風邪をひいたら無理して会社には行かずに、完全に治るまで家で療養する。上司も「ゆっくり休んで、完全に病気を治してください」とメールを送ってくる。お客さんとのミーティングがあるからとか、お客さんへの回答の提出期限だからという理由で、風邪をおして会社に出てくる人などめったにいない。ドイツでは仕事よりも健康の回復を優先させる。

日本では風邪のために体調が悪いにもかかわらず会社に来て業務を遂行しようとする人は、上司から「責任感がある」と高い評価を受けるかもしれない。これに対しドイツでは、「体調が悪いのに仕事をしても能率は上がらないし、他の社員に風邪をうつす恐れがあるので、会社に来ないで家でゆっくり休むべきだ」と考える上司がほとんどだ。会社の繁忙期に風邪をひいて休んでも、上司から「お前の体調管理が悪いからだ」などと嫌みを言われることもない。以前の日本で流行った「モーレツ社員」という言葉は、ドイツにはない。

日本ならば10時間を超える労働をやめたり、1年に30日間有給休暇を取ったりすることは、「職場に迷惑がかかったり、給料が減らされたりする」と心配する人が多いのではないか。我が国では「ゆっくりリズム」という言葉に良い印象を抱く人は少ないだろう。だがドイツでは、「身体を壊したり家庭生活のリズムを乱したりしてまで、お金を稼ごうとは思わない。ほどほどでいい」と考える人が多い。お金だけではなく、金銭的に測れない豊かさを重視する社会なのだ。

この「頑張りすぎない、ほどほどの暮らし」を社会が肯定することが、収入がそこそこであっても精神的な豊かさを持つことにつながると思う。

この本の出版にあたっては、青春出版社プライム涌光編集部の中野和彦氏に大変お世話になった。心から御礼を申し上げたい。

２０１９年１月　ミュンヘンにて

熊谷　徹

おもな参考ウェブサイト

ドイツ連邦統計局　https://www.destatis.de/DE/Startseite.html
ドイツ連邦財務省
　https://www.bundesfinanzministerium.de/Web/DE/Home/home.html
ドイツ連邦労働社会福祉省
　https://www.bmas.de/DE/Startseite/start.html
ドイツ産業連盟　https://bdi.eu/
ドイツ経営者連盟
　https://www.arbeitgeber.de/www/arbeitgeber.nsf/ID/home
経済協力開発機構　https://stats.oecd.org/
IW =ドイツ経済研究所（ケルン）　https://www.iwkoeln.de/
DIW =ドイツ経済研究所（ベルリン）　https://www.diw.de/deutsch
ING ディバ銀行　https://www.ing-diba.de/
スタティスタ　https://de.statista.com/
ARD（ドイツ公共放送連盟）　https://www.tagesschau.de/
全金属産業別労働組合　https://www.igmetall.de/
国際通貨基金　https://www.imf.org/external/index.htm
CES IFO 経済研究所　http://www.cesifo-group.de/ifoHome.html
DAK 公的健康保険　https://www.dak.de/
アルディ・ズュート　https://www.aldi-sued.de/
ベリボックス　https://www.verivox.de/
ウィキペディア　https://de.wikipedia.org/wiki/Wikipedia:Hauptseite
シュピーゲル誌　http://www.spiegel.de/
フランクフルター・アルゲマイネ（FAZ）紙　http://www.faz.net/aktuell/
ハンデルスブラット紙　https://www.handelsblatt.com/
内閣府　http://www.cao.go.jp/
厚生労働省　https://www.mhlw.go.jp/index.html
外務省　https://www.mofa.go.jp/mofaj/toko/page22_000043.html
エクスペディア・ジャパン　https://welove.expedia.co.jp/press/31575/
など

ＤＴＰ・図表作成／エヌケイクルー
本文写真／著者

青春新書 INTELLIGENCE

こころ涌き立つ「知」の冒険

いまを生きる

"青春新書"は昭和三一年に――若い日に常にあなたの心の友として、その糧となり実になる多様な知恵が、生きる指標として勇気と力になり、すぐに役立つ――をモットーに創刊された。

そして昭和三八年、新しい時代の気運の中で、新書"プレイブックス"にその役目のバトンを渡した。「人生を自由自在に活動《プレイ》する」のキャッチコピーのもと――すべてのうっ積を吹きとばし、自由闊達な活動力を培養し、勇気と自信を生み出す最も楽しいシリーズ――となった。

いまや、私たちはバブル経済崩壊後の混沌とした価値観のただ中にいる。その価値観は常に未曾有の変貌を見せ、社会は少子高齢化し、地球規模の環境問題等は解決の兆しを見せない。私たちはあらゆる不安と懐疑に対峙している。

本シリーズ"青春新書インテリジェンス"はまさに、この時代の欲求によってプレイブックスから分化・刊行された。それは即ち、「心の中に自らの青春の輝きを失わない旺盛な知力、活力への欲求」に他ならない。応えるべきキャッチコピーは「こころ涌き立つ"知"の冒険」である。

予測のつかない時代にあって、一人ひとりの足元を照らし出すシリーズでありたいと願う。青春出版社は本年創業五〇周年を迎えた。これはひとえに長年に亘る多くの読者の熱いご支持の賜物である。社員一同深く感謝し、より一層世の中に希望と勇気の明るい光を放つ書籍を出版すべく、鋭意志すものである。

平成一七年　　刊行者　小澤源太郎

著者紹介
熊谷　徹〈くまがい　とおる〉
1959年東京生まれ。早稲田大学政経学部卒業後、NHKに入局。ワシントン支局勤務中に、ベルリンの壁崩壊、米ソ首脳会談などを取材。90年からはフリージャーナリストとしてドイツ・ミュンヘン市に在住。過去との対決、統一後のドイツの変化、欧州の政治・経済統合、安全保障問題、エネルギー・環境問題を中心に取材、執筆を続けている。おもな著書に『ドイツ人はなぜ、1年に150日休んでも仕事が回るのか』(小社刊)、『イスラエルがすごい』(新潮社)、『偽りの帝国　緊急報告・フォルクスワーゲン排ガス不正の闇』(文藝春秋)など多数。『ドイツは過去とどう向き合ってきたか』(高文研)で2007年度平和・協同ジャーナリズム奨励賞受賞。

ドイツ人《じん》はなぜ、年《ねん》290万円《まんえん》でも生活《せいかつ》が「豊《ゆた》か」なのか

青春新書 INTELLIGENCE

2019年2月15日　第1刷

著　者　熊《くま》谷《がい》　徹《とおる》

発行者　小澤源太郎

責任編集　株式会社プライム涌光
電話　編集部　03(3203)2850

発行所　東京都新宿区若松町12番1号 〒162-0056　株式会社青春出版社
電話　営業部　03(3207)1916　振替番号　00190-7-98602

印刷・中央精版印刷　製本・ナショナル製本

ISBN978-4-413-04562-9